KB200235

소명, 하나님의 시간을 잇는 싸움

소명,
하나님의 시간을 잇는 싸움

김남국

규장

그리스도인이 세상 가운데로 보내진 이유

전 세계가 지난 2,3년간 코로나바이러스로 어려움을 겪었다. 사람과의 관계가 단절되고 감염병과의 싸움에 지쳐버렸다. 더 나아가 먹고사는 경제마저 타격을 입었다. 미래가 희망적이지 않고 앞으로의 삶이 불투명해지기 시작했다. 만약에 코로나바이러스보다 더한 질병이 발생한다면, 세계의 기후변화나 나라 간의 전쟁이 더 심해진다면 과연 우리는 어떻게 살아야 하는가에 대한 두려움도 점점 커지고 있다. 그럴 때 그리스도인들은 어떻게 살아야 하느냐는 고민 역시 당연히 깊어졌다.

코로나 상황 가운데 청년들에게 제일 많이 받은 질문은 '소명'에 관한 것이었다. 지금보다 더한 어려움이 오면 그리스도인은 과연 어떻게 살아야 하는지를 고민하고 있는 것이다. 이처럼 신앙인의 삶은 언제나 세상으로부터의 도전 속에 있고 그 세상에서 믿음의 반응을 하는 것이다. 그것이 하나님께서 그리스도인들을 이 땅에 두신 이유이다.

소명은 하나님이 우리를 이 땅에 두신 이유 속에서 찾아야 한다. 왜냐하면 소명은 하나님이 우리를 이 땅에 보내신 목적이자 하나님 앞에 설 수 있는 가치이며 존재 이유이고, 삶의 이유이기 때문이다. 소명이 없는 자는 움직이고 있어도 생명이 없는 좀비와 같은 인생을 살 뿐이다.

하나님의 소명 받은 자들은 세상 사람과 다르다. 그들은 무엇을 먹을까, 무엇을 마실까, 무엇을 입을까를 목적으로 삼지 않는다. 만약 그런 것을 목적으로 삼는다면 소명을 모르는 사람이다. 소명을 따라가는 사람의 관심은 오직 하나님이다. 하나님이 모든 소명의 원천이요 주인이기에 하나님만 바라보게 되어 있다. 그래서 그들의 모든 관심은 사람의 인정에 있지 않고 하나님나라에 있다.

소명을 이해하기 위해 가장 중요한 것은 어떤 일을 하느냐가 아니라 먼저 하나님과 그분의 일하심의 방법을 아는 것이다. 이것이 이 책을 쓰게 된 동기이자 이유이다. 이 책을 읽고 나의 소명은 무엇이고 내가 어떤 일을 해야 하느냐는 단순한 생각에서 벗어났으면 하는 바람이다. 그런 것보다 먼저 하나님께서 각 시대 속에 그리스도인을 부르신 목적과 이유, 하나님의 시야와 방법을 깨달았으면 좋겠다.

그리하여 나의 시대 속에서 하나님이 나에게 원하는 삶을 기꺼이 살아내는 소명자가 되기를 바란다.

김남국

프롤로그

CONTENTS

PART 1

소명과 하나님의 시간

01

내 삶은 우연히 존재하지 않는다

　어렸을 때 밤하늘의 수많은 별을 보면서 그 아름다움에 크게 감탄한 적이 있다. 또 광대한 우주의 크기를 계속 떠올려볼 때 그 속에서 나는 한없이 작은 존재임을 저절로 느끼게 된다. 나는 정말 티끌보다도 작다. 나 하나쯤 사라진다고 해도 누구 하나 이상하다고 느끼지 않을 만큼 세상은 넓다. 이처럼 우리의 인생은 세상 가치로 보면 존재 가치가 없다. 그래서일까? 사람들은 살면서 '이 세상 속에 나는 어떤 존재인가?', '이 험한 세상에서 어떻게 살아야 하지?', '이렇게 사는 게 맞나?', '내 삶은 도대체 뭘까?'라는 무거운 고민을 할 수밖에 없다.

　하나님께서 만드신 세상이 작은 무인도에 있는 단 몇 명뿐이라면 대답은 그나마 단순할 것이다. 그러나 우리의 실제는 거대한 우주 속에, 그리고 이 지구 위에, 수십억 명의 사람들 가운데 존재하기 때문에 물질적 척도로 따지면 나의 가치는 0.00001퍼센트가 될까 말까 하다. 그래서 우리는 우리의 인생을 평가하는 것조차 의미 없다고 생각한다. 그렇다고 우리의 존재 가치를 물질적 숫자 게임으로만 봐야 할까? 분명히 아니다.

100퍼센트의 존재

첫째 아이가 두 살 때 일이다. 어린이날에 둘로스 선교회 후배 전도사와 함께 공원에 놀러갔는데 잠시 차에 가서 짐을 챙겨올 일이 생겼다. 그때 아내는 둘째를 임신 중이어서 후배 전도사에게 아이를 잠시 맡기고 차에 다녀왔다.

그런데 그사이 큰일이 생겼다. 아이를 맡은 전도사가 급한 일로 공중전화 부스에서 전화하는 사이에 아이가 사라진 것이다. 우리는 사라진 아이를 찾기 위해 사방팔방 정신없이 뛰어다녔다. 사람들이 너무 많고 아이는 너무 작아 찾기 힘들었다. 다행히 엄마 아빠가 보이지 않자 차 있는 곳을 기억하고 그곳에서 우리를 기다리고 있던 아이를 찾을 수 있었다.

그때 나는 수많은 사람의 숲에서 0.00001퍼센트도 안 되는 작은 조약돌 같은 아이를 찾기 위해 온 힘을 쏟았고, 그 순간 내게 나의 아들은 0.00001퍼센트가 아니라 100퍼센트의 존재였다. 내 전부였다. 내가 지나친 수많은 사람은 내게 의미가 없고 어떤 가치도 없었다. 그들은 내 눈에 들어오지 않았다. 오직 한 점에 불과한 나의 아들만이 내게 100퍼센트의 가치가 있었다.

사람들은 인간의 존재 가치를 물질적 기준에 따라 평가한다. 연봉 얼마에 어떤 차를 타고 어떤 동네 몇 평짜리 고급 아파트에 사느냐 등으로 차등을 두어 그에 따라 가치를 매긴다. 그러나 나는 나의 가치를 생각할 때마다 아들을 찾아 뛰어다녔던 그때 그 심정을 떠올린다. 마치 탕자를 기다리는 아버지의 마음으로, 하나님이 나를 대우하시고 인정하시는 그 시선으로 나를 바라본다.

우리의 가치를 평가할 때 가장 먼저 생각할 것은 우리가 어쩌다가 우주에 생겨난 0.00001퍼센트의 물질적 가치의 존재가 아니라 위대한 하나님의 계획 속에 이 땅에 보내진 특별한 존재라는 것이다. 하나님의 계획 속에 있기에 우리에게는 우연이 존재하지 않는다.

실수가 없으신 하나님

내가 좋아하는 찬양 중에 이런 가사가 있다. "나의 반석이신 하나님 행하신 모든 것 완전하시니… 신실하신 하나님 실수가 없으신 좋으신 나의 주." 찬양 후렴에 "신실하신 하나님 실수가 없으신 하나님"이라는 가사가 반복된다. 그렇다! 하나님은 실수가 없으신 분이다. 이 찬양의 고백처럼 나는 내 인생에서 이해하지 못하는 일을 겪을 때마다 실수가 없으신 하나님을 묵상했다. 물론 간혹 힘들어 지쳤을 때, 주변 사람들의 삶을 보면서 하나님께서 실수가 없으시다는 고백에 의문이 들 때도 있었다.

그러나 이 가사의 의미를 곱씹어보면 하나님이 실수가 없으시다는 것은 우리 삶의 상황을 근거로 말하는 것이 아니라 우리의 인생이 하나님의 크신 계획 속에 있음을 말하는 것이다. 따라서 우리가 지금 존재하는 것, 이 자리에서 살아가는 모든 것, 그리고 앞으로 우리 삶의 방향까지 하나님의 정확한 섭리 안에 있다는 것이다.

신학교 재학 시절 조직신학 교수님께서 기적에 대해 설명해 주었는데, 지금까지 기억할 만큼 인상적이었다. "기적이란, 지금의 현대 과학으로는 이해하지 못하지만, 미래의 과학으로는 이해할 수 있는 것이다." 지금은 너무 익숙한 비행기가 500년 전 그 당시 과학으로는 설명이 안 되는 기적이었으며, 홍해 사건 역시 지금은 과학으로 설명이 안 되어 기적이라고 하지만, 하나님의 관점에서 보면 과학이다. 그래서 천국을 이렇게 표현하는 분도 있다. "최고의 초월적인 역사와 최고의 과학이 만난 곳이 하나님의 나라이다."

우연이란 인과관계 없이 뜻하지 않게 일어나는 일, 사람의 상식과 경험을 넘어서는 이해할 수 없는 상황을 말한다. 그러나 하나님의 주권과 섭리 안에서는 절대 우연이란 없다. 지금은 이해하지 못해서 우연이라는 말을 사용하지만, 천국에 가면 그때는 우리가 하나님의 정확한 섭리 안에서 살았음을 알게 될 것이다.

그런데 보라!

이와 같이 성경에는 그 사건이 일어난 당시에는 우연인 줄 알았는데 알고 보니 하나님의 섭리와 주권임을 기록한 사건들이 많다. 룻기 2장에는 룻의 이삭줍기 장면이 나온다. 3절에서 룻이 시어머니 나오미에게 "내가 밭에 나가 이삭이라도 주워 오려고 합니다"라고 청한다.

3 룻이 가서 베는 자를 따라 밭에서 이삭을 줍는데 우연히 엘리멜렉의 친족 보아스에게 속한 밭에 이르렀더라 4 마침 보아스

가 베들레헴에서부터 와서 베는 자들에게 이르되 여호와께서 너희와 함께하시기를 원하노라 하니 그들이 대답하되 여호와께서 당신에게 복 주시기를 원하나이다 하니라 롯 2:3-4

룻이 밭에 나가 추수하는 일꾼들의 뒤를 따라 이삭을 줍는데, 공교롭게도 그 밭이 시어머니 나오미의 남편의 친족으로 유력한 보아스의 밭이었다는 것이다. 4절에 마침 보아스가 베들레헴에서부터 왔다고 기록한다. 이 '마침'이라는 단어가 '웨 힌네'라는 히브리어로, "그런데 보라!"라는 뜻이다. 이 단어는 성경에서 사건의 중요한 전환점을 나타낼 때나 하나님이 드러내고 싶은 내용에 사용하는 감탄사이다.

룻이 이삭을 주우러 우연히 어느 밭에 갔는지 몰라도 그 밭은 보아스에게 속한 밭이었다. 그 보아스가 하나님의 계획에 맞춰 마침 그 장소에 등장한 것이다. 더구나 보아스는 그냥 지나가는 사람이 아니라 시어머니 나오미의 남편의 친족으로 기업 무를 자 중에 하나였다. 그런데 만일 이때 보아스가 나타나지 않고 1년 동안 세계 여행을 떠났다면 어땠을까? 룻은 여전히 기막힌 고생을 하고 있었을 것이다. 즉 룻은 우연히 갔지만 하나님은 보아스를 때에 맞춰 보내신 것이다.

시간은 계획대로 흘러가고 있다

우리는 인생을 우연히 그럭저럭 살아간다고 생각한다. 그러나 하나님 손에 있는 인생은 결코 그럴 수 없다. 우연은 세상 사람들이 말하는 것이다. 그런데 신자도 하나님의 섭리와 주권을 온전히 이해하지 못하면 "우연히 했는데 그렇게 됐다"라고 표현하게 된다. 그러나 물이 하늘에서 내려서 어떤 줄기를 타고 흐르든지 결국 바다로 모이듯이 우리 인생도 각자 다른 다양한 줄기를 따라 흐르는 것 같아도 결국은 하나님의 주권에서 벗어날 수 없다.

우리가 이 시대에 한국에서 태어난 것은 우리가 선택한 것이 아니라 모두 하나님의 섭리이다. 이런 것은 인간이 스스로 정할 수 없다. 따라서 인간 편에서는 이해하지 못하기 때문에 우연이라는 표현을 사용할 수밖에 없는 것이다. 그러나 하나님은 모든 것을 주권과 섭리로 이루어 가신다. 창세기 1장 1절에서 "태초에 하나님이 천지를 창조하시니라"라고 선포되었다. 하나님께서 시간과 공간을 창조하시고 그 안에서 우리를 끌어가시는 것이다.

인간은 시공간의 제한을 받기에 하나님의 주권과 섭리를 그 안목에 다 담을 수 없고 느낄 수 없지만, 우리의 인생은 하나님의 주권과 섭리 속에서 흘러가고 있다.

하나님의 시간대 안으로의 초대

모든 사람은 하나님이 주신 시간 안에서 살아간다. 그런데도 대부분 자신의 시간대만 볼 때가 많다. 그래서 눈앞에 있는 일만 죽어라 바라보는 근시안적 사고를 갖게 된다. 무엇을 먹고, 무엇을 마시고, 무엇을 누릴까만 생각하는 현실에 충실한 삶을 살게 된다.

그러나 하나님은 과거와 현재, 미래를 다스리시는, 시간을 초월하시는 분이다. 우리가 하나님을 만난다는 것은 결국 하나님의 시간을 이해하는 안목을 갖게 되는 큰 변화를 맞이한다는 것이다.

하나님께서 우리에게 소명을 주실 때 하나님은 우리의 시간 속으로 직접 찾아오셔서 우리를 하나님의 시간 속으로 안내하신다. 우리를 각자 단편적인 시간대 속에 놓아두신 하나님이 하나님의 시간대와 우리의 시간대를 겹치게 하셔서 새로운 것을 보게 하신다는 것이다.

나는 청년의 때 어떻게 살아야 할지 몰랐다. 여기서 '어떻게'

라는 것은 무슨 거창한 삶을 말하는 것이 아니다. 진짜 어떻게 먹고살지를 몰랐다는 말이다. 많은 사람이 '비전'을 말하지만, 사실 먹고사는 문제를 먼저 해결하려고 애쓴다. 물론 하나님을 믿기 때문에 교회에서 말해주는 신앙생활을 하려고 당연히 애썼다. 그러나 막상 내가 어떤 직업을 가지고 어떻게 먹고살아야 할지가 가장 큰 고민이었다.

나 역시 하나님께서 나의 시간 속으로 친히 찾아오셔서 나를 만나주셨다. 하나님이 나의 시간 속에서만 나를 만나주셨다면, 그리고 그것이 전부였다면 나는 여전히 먹고사는 문제로 주님과 씨름했을 것이다. 그러나 하나님은 나의 시간 속에서 말씀하지 않으시고 하나님의 시간 속으로 나를 초대하셨다. 이때 영적 시야가 열렸다. 나는 먹고사는 문제를 넘어서 역사의 주권자이신 하나님의 시간 속에 부름을 받은 존재가 되었다.

이때부터 나는 단순히 먹고사는 문제가 아니라 시간의 끝에서 하나님 앞에 어떤 존재로 서야 할지 고민하게 되었다. 하나님의 시간과 나의 시간이 겹치면서 나의 시간 속에서 하나님의 시간을 보게 된 것이다. 그것을 하나님의 일하심을 맛보는 사건이라고 말한다.

양적으로 같은 시간이라도 시간은 질적으로 두 가지로 나뉜다. 먼저 우리가 태어나고 죽고 지금까지 흘러가고 있는 일반적인 시간이다. 이것을 '크로노스'라고 한다. 이 크로노스의 시간 속에서 특별히 하나님이 간섭하신 경험의 시간이 있다. 자신의 시간 속에서 하나님의 임재를 체험하는 시간이다. 이것을 '카이로스'라고 한다.

크로노스를 넘어 카이로스로 변화하는 것은 평범한 나의 시간 속에서 하나님을 만나는 것이고, 그 순간에 우리는 하나님으로부터 소명을 받는 축제와도 같은 놀라운 경험을 하게 된다.

어제와는 다른 소명의 삶

예수님께서 제자들을 부르시는 장면 속에 재미난 사건이 있다. 베드로는 물고기를 잡는 어부이다. 그런데 예수님이 함께 계실 때면 고기를 제대로 잡아본 적이 없다.

4 말씀을 마치시고 시몬에게 이르시되 깊은 데로 가서 그물을 내려 고기를 잡으라 5 시몬이 대답하여 이르되 선생님 우리들이 밤이 새도록 수고하였으되 잡은 것이 없지마는 말씀에 의지하여 내가 그물을 내리리이다 하고 6 그렇게 하니 고기를 잡은

것이 심히 많아 그물이 찢어지는지라 눅 5:4-6

어부로서 물고기를 잡고 사는 평범하게 흐르는 베드로의 시
간 속에 주님이 찾아오셨다. 그리고 주님은 밤새도록 고기를 잡
지 못한 베드로에게 그물이 찢어질 정도로 많은 고기를 잡을 수
있도록 하셨다. 베드로의 시간과 주님의 시간이 겹쳐진 것이다.
놀라운 것은 그 순간 베드로가 물고기를 잡는 어부에서 사람을
낚는 어부의 삶을 살게 되었다는 것이다.

물론 하나님이 주시는 소명을 받는다고 해서 모두 직업이 바
뀌지는 않는다. 베드로처럼 모든 것이 바뀌기도 하지만 어떤 이
들처럼 직업이 바뀌지 않는 경우도 있다. 그러나 동일한 것은
삶의 본질이 바뀜으로써 어제와는 다른 '소명의 삶'을 살기 시
작한다는 것이다. 왜냐하면 이들은 자신의 시간 속에서 자신이
성공하는 것보다 하나님의 시간 속에서 자신의 사명을 보았기
때문이다.

모세가 그의 장인 미디안 제사장 이드로의 양 떼를 치더니 그
떼를 광야 서쪽으로 인도하여 하나님의 산 호렙에 이르매
출 3:1

출애굽기 3장은 모세의 소명장이다. 모세는 그의 나이 80세에 장인 이드로의 양 떼를 몰고 광야를 지나 호렙산으로 갔다. 40년을 한결같이 해온 삶이었다. 아무것도 없는 광야에서 너무 익숙해진 일상을 살아가는 따분한 삶이었을지도 모른다. 그런데 이날은 어제와 똑같은 날이 아니었다. 하나님이 모세의 시간 속으로 찾아오신 것이다. 여호와의 사자가 떨기나무 불꽃 가운데서 그에게 나타났다. 이때 모세는 하나님의 시간 속에 참여하는 경험을 한다.

3 이에 모세가 이르되 내가 돌이켜 가서 이 큰 광경을 보리라 떨기나무가 어찌하여 타지 아니하는고 하니 그 때에 4 여호와께서 그가 보려고 돌이켜 오는 것을 보신지라 하나님이 떨기나무 가운데서 그를 불러 이르시되 모세야 모세야 하시매 그가 이르되 내가 여기 있나이다 출 3:3-4

하나님께서 모세의 시간대에 찾아오실 때 모세는 장인의 양을 치는 목자에서 이스라엘의 목자로 바뀐다. 양을 칠 때 사용하던 그의 지팡이가 이스라엘 온 민족을 이끄는 지도자 모세의 하나님의 지휘봉으로 바뀐 것이다.

하나님의 초대받은 자

하나님이 초대하신 자들은 더 이상 자신의 시간대만을 목적으로 살 수 없게 된다. 비록 작은 동네에 살고 있더라도 나를 넘어서 내 이웃, 나라 그리고 지구를 생각하는 큰 사고를 하게 되는 것이다. 내 집 앞마당을 청소하는 것은 단순히 내 집 앞마당의 깨끗함만을 위해서가 아니라 이 지구를 청소하는 것이고, 길에 떨어진 휴지 한 장을 줍는 것이 자연을 돌보고 환경을 지키는 일인 셈이다. 이런 나의 작은 행동이 내 자손의 안위를 걱정하며 살아가는 삶인 것처럼 말이다.

예수를 믿는 모든 그리스도인은 하나님으로부터 초대받은 자들이다. 우리는 이 땅의 인생이 아무리 강건해야 7,80년이라는 것을 안다. 그러나 우리는 우리의 진짜 인생이 하나님 안에서 7,80년으로 끝나지 않는다는 것도 알고 있다. 따라서 하나님의 시간에 대한 이해에 따라 우리의 삶의 계획과 준비가 달라지는 것이다. 왜냐하면 내가 살아가는 시간은 불과 7,80년이지만, 하나님이 나를 초대하신 시간은 알파와 오메가, 처음과 마지막이며 영원한 시간이기 때문이다.

02

시간은 현재적이며 미래적이다

기독교의 시간관에서 가장 중요한 개념은 시간은 현재적이
면서 미래적이라는 것이다. 기독교의 시간관은 직선적 시간관
으로 처음과 끝이 있다는 것이다. 불교처럼 윤회하는 원형적 시
간관이 아니라 한번 지나가면 다시 올 수 없고, 끝을 향해 가고
있다는 것이다.

우리는 한정된 시간 속에 존재하며 살아간다. 그래서 영원한
시간으로 내 인생의 시간을 본다면 거대한 모래 해변에서 한 알
의 모래를 보는 것보다도 더 작다.

사랑하는 자들아 주께는 하루가 천 년 같고 천 년이 하루 같다
는 이 한 가지를 잊지 말라 **벧후 3:8**

이 말씀은 하나님의 시간이 우리가 겪는 시간과 얼마나 다른
지를 분명히 말하고 있다. 우리의 존재와 시간은 하나님의 영원

함에 비하면 아무것도 아니다. 우리가 하나님의 시간 속으로 초대받는 순간 우리는 잠깐의 시간에서 영원의 시간으로 이동하게 된다.

작은 점과 같은 현재의 시간은 과거부터 미래까지 이어지는 긴 선의 시간 속에 있다. 현재 내가 결정하고 살아가는 것이 오늘의 사건을 넘어 미래의 사건으로 연결되고 있음을 깨닫게 된다. 우리가 하나님의 시간 속으로 초대를 받는 순간 나의 모든 것이 가치가 있다. 하나님의 시간 속에서 나의 삶은 미래와 긴밀히 연결되어 있다.

다시 말해서 나는 지금 2022년이라는 시간에 살고 있지만, 지금을 넘어서 2050년대를 바라볼 수 있고, 더 나아가 주님 오실 때를 바라보며 영원을 준비하면서 살아가게 된다. 현재를 살아도 내 삶과 비전은 오늘을 넘어 내일을 준비하는 삶, 미래를 바라보는 삶을 살게 된다는 것이다.

소명에는 반드시 선택이 따른다

나의 현재가 현재로 끝나는 것이 아니며 현재가 미래와 연결되어 있다면, 오늘을 사는 나의 선택과 결정이 매우 중요해진다. 여기서 말하는 미래는 몇십 년 후 나의 삶을 넘어서는 것이다. 그리스도인들은 마지막 때 하나님의 심판대 앞에 설 뿐만 아니라 그것을 넘어서 영원한 나라를 바라보는 미래관을 가지고 있다. 따라서 현재의 결정에 따라 하나님의 심판대 앞에서 다시는 돌이킬 수 없는 처지가 되기도 한다. 하나님의 시간 속으로 초대를 받은 사람들은 반드시 지금 나의 선택이 중요하다는 것을 기억해야 한다. 소명을 받은 사람에게 가장 중요한 것이 바로 현재의 선택이다.

16 갈릴리 해변으로 지나가시다가 시몬과 그 형제 안드레가 바다에 그물 던지는 것을 보시니 그들은 어부라 17 예수께서 이르시되 나를 따라오라 내가 너희로 사람을 낚는 어부가 되게 하리라 하시니 18 곧 그물을 버려 두고 따르니라 19 조금 더 가시다가 세베대의 아들 야고보와 그 형제 요한을 보시니 그들도 배에 있어 그물을 깁는데 20 곧 부르시니 그 아버지 세베대를 품꾼들과 함께 배에 버려두고 예수를 따라가니라 막 1:16-20

예수님은 성육신하셔서 영원에서 우리의 시간 속으로 들어오셨다. 그리고 그들의 시간 속에서 어부로 사는 제자들을 하나님의 시간 속으로 초대하셨다. 이제 그들은 자신의 시간 속에서 선택해야 한다. 그들의 선택이 미래를 바꿀 것이다. 자신의 시간 속에서 하나님이 원하시는 삶을 살 것인지, 아니면 자신이 원하는 삶을 살 것인지 결정해야 한다. 그리고 이 선택이 현재의 삶의 방식을 바꿀 뿐 아니라 미래도 완전히 바꾸게 될 것이다. 소명은 단순히 내가 어떤 일을 감당하느냐를 넘어선다. 하나님의 초대를 받고 지금이라는 나의 시간 속에서 어떤 선택을 하느냐의 문제이다.

모세와 아브라함의 선택

출애굽기 3장과 4장은 모세가 소명을 받는 장이다. 모세에게 "네가 선 곳은 거룩한 땅이니 네 발에서 신을 벗으라"(출 3:5)라고 말씀하신 하나님은 "이제 내가 너를 바로에게 보내어 너에게 내 백성 이스라엘 자손을 애굽에서 인도하여 내게 하리라"(출 3:10)라고 소명을 주신다.

이 부르심 앞에 모세는 선택해야 한다. 성경을 살펴보면 모세는 기쁜 마음으로 즉시 순종한 것이 아니었다. 그는 끝까지 거부했다. 그러나 하나님의 설득하심과 준비하심으로 애굽으로 향하게 된다. 결국 그는 양치는 삶을 내려놓고 하나님이 부르신 곳으로 가는 선택을 했다.

믿음의 조상인 아브라함도 마찬가지이다. 그는 당시 문명이 최고로 발달한 갈대아 우르 지역에서 편안하게 자신의 삶을 이어가고 있었다. 그의 원래 이름은 '아브람'으로 "존귀한 아버지"라는 뜻이고, 그의 아내 '사래'의 이름의 뜻이 "공주"인 것을 보면 아마 꽤 괜찮은 삶을 살고 있었을 것이다. 그런데 최고의 문명지에서 넉넉한 삶을 사는 아브라함의 시간 속으로 갑자기 하나님이 다가오셨다.

1 여호와께서 아브람에게 이르시되 너는 너의 고향과 친척과 아버지의 집을 떠나 내가 네게 보여 줄 땅으로 가라 2 내가 너로 큰 민족을 이루고 네게 복을 주어 네 이름을 창대하게 하리니 너는 복이 될지라 3 너를 축복하는 자에게는 내가 복을 내리고 너를 저주하는 자에게는 내가 저주하리니 땅의 모든 족속이 너로 말미암아 복을 얻을 것이라 하신지라 창 12:1-3

아브라함은 선택해야 했다. 자신의 시간대로 찾아오신 하나님의 요청에 순종하여 하나님의 영원한 시간을 바라보고 살든지, 아니면 자신의 시간 속에서 평범한 행복을 찾을지 결정해야 했다. 결국 아브라함은 하나님을 선택했고 성경은 그것을 이렇게 말하고 있다.

> 8 믿음으로 아브라함은 부르심을 받았을 때에 순종하여 장래의 유업으로 받을 땅에 나아갈새 갈 바를 알지 못하고 나아갔으며 9 믿음으로 그가 이방의 땅에 있는 것 같이 약속의 땅에 거류하여 동일한 약속을 유업으로 함께 받은 이삭 및 야곱과 더불어 장막에 거하였으니 10 이는 그가 하나님이 계획하시고 지으실 터가 있는 성을 바랐음이라 히 11:8-10

히브리서 11장인 믿음장에서 아브라함은 기꺼이 '하나님이 계획하시고 지으실 터가 있는 성'을 바라는 선택을 했다고 말한다. 따라서 우리는 현재의 시간을 중요하게 바라보아야 한다. 우리가 하나님의 시간에 초대를 받았다면 오늘 그 부르심에 대한 나의 선택과 반응 그리고 충성된 헌신이 곧 우리의 미래를 바꾸기 때문이다.

내 선택이 바꾼 미래

　나의 청년 시절에 온누리교회에서는 매주 목요일에 올네이션스 경배와 찬양이 있었다. 지금 청년들이 마커스 워십에서 함께 예배하며 찬양하는 것처럼 나도 그 시절 올네이션스 경배와 찬양 집회에 참석했다.

　그런데 집회에 참석하여 손을 들고 찬양하는 나의 시간 속으로 하나님이 찾아오셔서 "남국아, 나는 네가 목회를 했으면 좋겠다"라고 말씀하셨다. 그때 나는 미술을 공부하고 싶어서 미대 입시를 준비 중이었다. 입시를 준비하기 전부터 그림을 통해 하나님께 영광을 돌리고 싶어서 주님의 인도하심을 구하며 기도했고, 인도하심으로 이미 그림 지도를 받고 있었기 때문에 나는 더욱 당황했다.

　그때 나의 형편은 차비도 구하기 어려울 만큼 빠듯했다. 그런 만큼 매일 기도하고 금요일에 밤을 지새우며 기도하여 응답을 받은 곳이 당시 내가 실기 지도를 받던 화실이었다. 한 번도 만난 적 없는 분들이 내게 특별히 요구하는 것도 없이 그림을 잘 가르쳐주셨다. 그렇게 1년여의 시간이 흘렀는데 하나님께서 별안간 나에게 목회를 했으면 좋겠다고 말씀하신 것이다. '그럼 내가 받은 그림 그리는 소명은 잘못된 것인가?', '그것을 위해 준비한 나의 1년은 헛된 삶일까?'라는 생각들로 혼란스러웠다.

그러나 그 가운데서 내가 가장 중요하게 생각했던 것은 지금 내가 '목회의 부르심'으로 초청받았다는 사실이었다. 나는 두려웠다. 하지만 나는 목회의 부르심을 선택했고, 그 순간 달라진 삶으로 인해 주님의 도우심을 구했다. 분명 화가의 삶을 선택했어도 주님은 나를 버리지 않았을 것이며 그 삶을 통해서도 영광 받으셨을 것이다. 하지만 중요한 것은 사람이 선택하면 그 선택이 모든 것을 바꾼다는 것이다. 내가 앞으로 만날 사람들, 삶의 양식과 훈련 그리고 미래에 내가 꿈꾸는 삶의 모습도 바뀌게 된다. 오늘의 선택이 하나님 앞에 서는 나의 모습과 미래의 모든 것을 바꾼다.

그때부터 나는 화가가 아니라 목사로서 주님 앞에 설 것을 꿈꾸며 살아갔다. 선택은 선택한 사람의 삶 전반에 영향을 준다. 하나님의 시간 속으로 초대받는다는 것은 단순히 직업을 결정하는 데 국한된 것이 아니다.

하나님의 뜻에 따라 선택하라

1 사람이 땅 위에 번성하기 시작할 때에 그들에게서 딸들이 나니 2 하나님의 아들들이 사람의 딸들의 아름다움을 보고 자기들이 좋아하는 모든 여자를 아내로 삼는지라 3 여호와께서 이르시되 나의 영이 영원히 사람과 함께 하지 아니하리니 이는 그들이 육신이 됨이라 그러나 그들의 날은 백이십 년이 되리라 하시니라 창 6:1-3

홍수 심판이 있기 전 성경은 하나님의 아들들이 사람의 딸들의 아름다움을 보고 자기들이 좋아하는 여자를 아내로 삼은 것을 타락의 원인으로 기록하고 있다. 이스라엘 백성들이 가나안 땅에 들어갈 때도 그 땅의 거민과 결혼하지 못하게 하셨다.

결혼은 내가 좋아하는 사람과 함께 사는 것이 아니다. 어떤 직업을 갖느냐가 우리의 삶에 많은 영향을 주지만 결혼은 더 큰 영향이 있다. 어떤 사람과 함께 사느냐에 따라 삶의 모습이 바뀐다. 결혼은 가정의 시작이다. 따라서 배우자를 선택할 때 먼저 올바른 가정상을 정립해야 한다. 결혼은 새로운 가정을 만드는 것이고, 어떤 가정을 꿈꾸느냐에 따라 결혼의 모든 것도 달라진다.

교회는 어떤가? 내가 어떤 교회를 다니느냐에 따라 신앙의 색깔과 하나님께서 나를 사용하시는 방법이 바뀐다. 본질적인 면에서 교회는 하나님의 선택이지만 우리가 교회를 선택하는 부분도 있다. 물론 다 그런 것은 아니지만, 신자 중에는 아무에게도 간섭받지 않고 편하게 신앙생활하기 위해 초대형교회를 선택해서 간다는 분이 있다고 들었다. 물론 예배만 드리고 사라지는 뜨내기 신자도 있다.

이 선택에 따라 신앙의 자세와 모습이 바뀔 수밖에 없다. 편안한 곳을 선택하면 신앙이 나태해질 수밖에 없다. 진정으로 하나님 앞에 설 날을 바라보면서 기쁘게 섬길 교회를 선택한다면 내 신앙의 모습도 바뀌는 것이다. 오늘의 결정은 미래의 사건과 연결되는 하나님의 시간대에서 매우 중요한 순간이다. 세상 사람들은 단순히 자신의 이익을 위해, 자신이 추구하는 바를 위해 현재에 집중하지만, 우리는 현재가 미래에 하나님의 역사와 연결된다는 것을 알기 때문에 무엇이든 쉽게 결정하지 않고, 먼저 하나님의 뜻을 묻는 기도를 하는 것이다.

하나님의 역사를 위한 포기와 집중

성도는 하나님의 시간의 흐름 속에서 현재를 바라보는 관점의 변화가 필요하다. 우리 삶에 단순한 영향을 주는 취미생활에 대해 생각해보자. 좋은 취미생활은 삶에 활력을 주고 현재 나에게 맡겨진 주된 일, 예를 들면 학생이면 공부, 주부면 살림, 회사원이면 다니는 직장 업무에 집중할 수 있도록 도와준다. 그러나 잘못된 취미생활은 자신에게 맡겨진 주된 일을 하지 못할 정도로 삶을 망가트리기도 한다. 따라서 자신의 취미생활을 결정하는 관점 또한 바뀌어야 한다. 지금의 취미생활이 미래의 타락으로 이어질 가능성이 있는지 생각해야 한다.

그러나 내가 한쪽을 선택한다고 해서 소명이 쉽게 이루어지지는 않는다. 선택할 때 반드시 기억해야 할 두 단어가 있다. 하나는 '포기'이다. 선택은 포기로부터 시작한다. 완전한 포기가 되지 않는 선택은 잘못된 것이다. 하나님의 부르심이 있다는 것은 내가 포기할 것이 있음도 알아야 하는 것이다.

예수님 앞에 나온 부자 청년은 재물을 포기하지 못해 슬피 울며 돌아갔다. 포기할 줄 모르면 항상 이 문제로 하나님의 부르심에 문제가 생긴다. 내가 어떤 사람을 배우자로 결정한다는 것은 다른 사람들을 포기했다는 말이다. 다른 사람을 포기하지 않으면서 배우자를 선택한다면 그것은 아주 심각한 문제를 초래한다.

나의 선택이 나의 미래를 결정한다면, 이 선택에는 앞으로 내가 계속해서 포기하고 내려놓아야 할 미래의 많은 것들을 포함한다. 그래서 내가 소명을 위해 어떤 것들을 선택할 때는 거기에 따른 수많은 것들을 포기할 각오 또한 해야 한다. 포기를 모르고 선택하기 때문에 분별이 안 되고, 포기하지 못하는 욕심에서 갈등이 빚어지고 문제가 더 커지게 된다.

두 번째는 '집중'이라는 단어이다. 포기만 했다고 선택에 따른 열매를 거둘 수 있는 것이 아니다. 내가 배우자를 선택했다면 그 배우자에게 집중해야 한다. 다른 사람들을 포기했다고 결혼생활이 더 좋아지거나 사랑이 깊어지지는 않는다. 완전한 포기와 함께 선택한 것에 전심으로 집중해야만 값진 결과를 얻는다. 선택은 포기의 결단과 함께 선택한 것에 온 맘과 힘을 다하여 집중하는 것이다.

네 마음을 다하고 목숨을 다하고 뜻을 다하고 힘을 다하여 주너의 하나님을 사랑하라 하신 것이요 막 12:30

율법 중에서 최고의 계명은 목숨을 다하고 뜻을 다하고 힘을 다하여 하나님을 사랑하라는 것이다. 그만큼 집중해야 한다는 것이다. 그러면 하나님 안에서 선택의 열매를 맺을 수 있다.

하나님께서 나를 목회자로 부르셨을 때 나는 그동안 화실에서 배운 모든 것을 포기하고 다시 입시에 집중하기 시작했다. 문제는 너무 오래 공부를 내려놨다는 것이다. 나는 재수 단과학원을 알아보고 내가 할 수 있는 암기과목부터 집중하기 시작했다. 이때 나는 넉 달간 하루에 서너 시간만 자면서 공부했다. 선택은 결정을 넘어서서 삶의 집중으로 연결될 때 하나님의 역사를 맛볼 수 있다.

하나님은 내가 본 문제집과 책에서 암기과목 시험 문제를 100퍼센트 보여주셨고 그래서 나는 신학교에 입학할 수 있었다. 선택한 삶에 집중하지 않는 사람에게는 하나님의 기적도 의미가 없어진다.

출애굽 한 이스라엘 백성들은 어느 시대보다도 하나님의 역사와 이적을 많이 체험했다. 하나님은 날마다 구름기둥과 불기둥으로 그들을 인도하셨다. 만나와 메추라기를 주시고, 반석에서 물이 나오게 하셨다. 그러나 그들은 하나님께서 약속한 가나안 땅을 향한 삶에 집중하지 않았다. 그 결과 수많은 이적과 은혜를 받고도 광야에서 죽어갔다.

하나님의 인도하심이 크고 나 또한 그 길을 선택했다고 해서 끝나는 것이 아니다. 하나님의 부르심을 받고 선택할 때 명심해야 한다. 그 선택에는 포기와 함께 헌신하고 집중해야 할 책임이 있다는 것을 말이다. 따라서 우리가 어떤 선택을 할 때 현재의 시간대에 자신의 느낌과 감각으로 결정하면 실수하게 된다. 하나님의 부르심 앞에 기도함으로 결정하라. 오늘 나의 선택이 나의 미래로 이어진다는 것을 명심하고 현재라는 시간 속에서 하나님의 시간을 바라보며 완전한 포기와 더불어 집중하는 삶을 살기 바란다.

03

시간을 잇는 자와 끊는 자

　소명에 있어서 시간에 대한 이해가 더욱 중요한 이유는 하나님이 우리를 시간 속에 두셨기 때문이다. 우리는 흔히 자신만 잘 믿고 열심히 살아가면 된다고 생각한다. 이렇게 소명에 대한 잘못된 이해가 생기는 이유는 자신만 잘 믿는다는 것이 어떤 삶인지 모르기 때문이다. 소명은 자신을 넘어서서 하나님이 원하시는 삶을 이 시대 속에 살아가는 것이다.

　성경은 창세기 12장부터 25장 초반까지 믿음의 조상 아브라함의 삶을 기록하고 있다. 그중에 가장 절정이라고 할 수 있는 것이 창세기 22장에 이삭을 모리아 산에서 제물로 드린 사건이다. 그러나 아브라함은 자신의 믿음을 증명하는 것으로 끝내지 않았다. 창세기 23장에서는 사라의 죽음을 통해 후손들이 들어가야 할 땅을 준비해두었고, 무엇보다도 창세기 24장에서 이삭을 리브가와 짝지어줌으로써 믿음의 2세를 든든히 세웠다.

　이런 아브라함의 더욱 멋진 점이 창세기 25장에 나온다. 아브라함의 후처 그두라를 통해 태어난 자녀들에게 그의 생전에 재산을 나누어주고 동방으로 보냄으로써 이삭의 자리를 굳건히 해주었다. 그리고 175세가 되어 하나님의 품으로 갔다. 자신만 잘 믿고 살다가 간 것이 아니라 다음세대를 세웠기 때문에 그를 통해 수많은 믿음의 역사가 일어난 것이다.

연결의 시간까지 도달하라

시간을 이해할 때 기억할 것이 있다. 그것은 시간을 잇는 자와 끊는 자가 있다는 것이다. 따라서 소명을 받은 자는 자신의 삶만 생각하면 안 된다. 자신만 생각하는 삶은 사탄이 하나님의 계획을 틀어지게 만들기 위해 우리를 공격할 때 사용하는 강력한 방법으로 하나님의 시간을 끊게 만드는 방법이다.

시간을 잇고 끊는다는 것은 마치 육상의 계주와 같다. 각각의 구간마다 출발을 준비하고 있는 선수가 있다. 모두 경기장에 나와 자신에게 다가올 시간을 준비한다. 첫 번째 주자가 뛰기 시작하면 다음 차례의 선수는 바통을 이어받을 준비를 하며 몸을 풀고 있어야 한다. 그리고 시선을 자신을 향해 달려오는 선수에게 두었다가 선수가 전해주는 바통을 받은 다음 그다음 선수를 향해 미친 듯이 달려야 한다. 선수들이 최선을 다해 뛰어와 내게 바통을 전해줘도 내가 받기를 거부하거나 포기하면 경기는 거기서 끝이 난다.

하나님은 하나님의 영원한 시간 속에서 우리를 계주선수로 부르셨다. 그렇기 때문에 내가 아무리 잘 뛰어도 다음 선수에게 바통을 넘겨주지 않으면 소용이 없다. 최선을 다해 열심히 내 시간을 살더라도 그와 동시에 반드시 믿음의 후손들에게까지 그 시간을 연결해야 하는 것이다. 우리가 뛰는 구간은 70-80년이라는 짧은 인생이지만, 하나님은 그 한 사람 한 사람의 시간을 이어서 영원한 시간을 써 가고 하나님의 역사를 만들어 가신다. 소명을 받은 자는 두 종류의 사람으로 나뉜다. 하나님의 역사의 시간을 잇는 자와 그것을 끊는 자로 말이다.

얼마 전 나는 필리핀을 방문해서 처음으로 지진을 제대로 경험했다. 아침에 일어났는데 뭔가 어지럽고 흔들리는 것 같아 처음에는 내 몸의 상태가 안 좋은 줄 알았다. 그런데 그게 아니라 실제로 건물이 흔들리고 있었다. 순간 당황했다. 하지만 평소 중요한 물품들만 따로 보관하는 가방을 급히 챙겨서 계단을 통해 숙소를 나서려고 했다.

다행히 그 순간 지진이 멈췄다. 지진을 실제로 경험하면서 죽음이 바로 눈앞에 있음을 실감했다. 예수님을 믿는 사람들은 죽으면 천국에 가는데 뭐가 걱정이냐고 말할 수 있겠지만, 내가 두려운 것은 단순한 죽음이 아니다. 나의 죽음이 하나님나라에서 가치가 없을지도 모른다는 것이 두려운 것이다. 왜냐하면 우리는 죽음이 끝이 아니라 새로운 시작임을 알기 때문이다.

나는 지금 하나님이 주신 시간 속에서 주님을 믿고 하늘나라를 소망하며 살아가고 있다. 내가 믿기까지 그 시대를 이어온 믿음의 선진들 때문에 나의 믿음이 오늘 존재하는 것이다. 나는 성경을 읽을 때마다 그 시대를 살아준 믿음의 선진들에게 감사를 드린다. 그분들이 믿음으로 잘 살아주고 믿음을 잘 이어줌으로써 오늘 내가 이 자리에 있을 수 있었다. 그리고 나도 믿음의 선진처럼 믿음을 끊는 자가 아니라 나의 다음시대 후배들에게 믿음을 잘 넘겨주기를 늘 다짐한다.

전해진 시간의 무게를 깨달아라

지금 우리의 신앙은 하늘에서 그냥 뚝 떨어진 것이 아니다. 앞서 누군가가 자신의 시간 속에서 믿음을 지키고 뒷사람에게 전해주어 면면히 이어온 것이다. 우리는 각자 자신이 속한 시대에서 하나님의 부르심을 받았다. 하지만 우리의 믿음은 먼저 살아간 사람들이 살아간 시간, 즉 수천 년 역사의 흐름 가운데 있는 것이다.

우리는 우리의 믿음이 전해져온 수많은 시간의 무게를 아는 안목을 가져야 하고, 나도 그 시간을 이어가는 사람 중에 하나라는 책임을 깨달아야 한다. 따라서 소명을 내가 이루고 싶고 자랑하고 싶은 업적으로 받아들이지 말라. "하나님, 내가 무엇을 해야 합니까?"라고 비전을 묻는 것 정도로 소명을 보아서도 안 된다. 소명은 그보다 훨씬 더 크고 본질적인 개념이다.

이를 놓치면 소명을 받고도 과거로부터 계속해서 이어져온 하나님의 뜻을 나의 시대에 나만 누리고 끝내버리게 된다. 그러면 그 사람 다음은 없는 것이다. 잘못된 소명의 이해로 오히려 내가 하나님의 나라를 끊어버리는 문제아가 될 수도 있다.

지금 한국 교회의 가장 큰 문제는 다음세대의 믿음이 끊기고 있다는 것이다. 우리 어른들은 교회를 위해서 열심히 섬기며 살았다. 그 결과 기독교 역사상 유례를 찾아보기 어려울 만큼 교회가 양적으로 성장했다. 초대형교회들이 도시마다 즐비하고 사회 곳곳에 기독교인이 포진하고 있다. 그런데 오히려 믿음의 전수가 이루어지지 않은 채 다음세대를 맞고 있는 것이다.

나만 복 받고 자신의 시대만 잘 사는 것이 하나님 앞에 어떤 의미가 있을까? 우리의 신앙은 절대적으로 다음세대로 이어져야 한다. 나만 교회를 잘 섬겨서 내 때만 물질적 복을 받는 것이 소명일 수는 없다. 그것은 마치 요술 램프처럼 하나님을 통해서 나의 욕심을 채우는 이기적인 신앙이다. 이기적인 신앙은 다음세대를 잊어버리고 희생과 헌신 그리고 책임을 다하지 않는다.

다음세대를 잇고 있는가?

사무엘상은 '한나'라는 여인의 이야기로 시작한다. 신앙이 무너지고 믿음의 흐름이 거의 끊어진 사사 시대에 다시 하나님의 역사를 이은 한나의 신앙에 우리는 주목해야 한다. 한나는 믿음의 영웅 대접을 받을 만한 위대하고 대단한 일을 한 것이 아니다. 한나는 그저 아이 없음을 한탄하며 하나님 앞에 나와 간절히 기도했을 뿐이다.

당시 제사장이던 엘리는 영적으로 어두웠다. 그 자녀들 또한 영적으로 육적으로 타락했다. 그러나 한나는 그런 상황 속에서도 성전에 올라가 기도했다. 그리고 아들을 주시면 내 가문을 잇는 자가 아니라 주님의 나라를 잇는 자로 그를 하나님께 드리겠다고 서원했고 사무엘이 태어나자 서원대로 사무엘을 바쳤다. 하나님나라의 일꾼으로 사무엘을 드렸을 때 끊어졌던 신앙의 고리가 다시 이어지게 되었다. 우리가 잘 알듯이 사무엘은 이스라엘의 역사를 이어가는 귀한 일꾼이다. 그를 통해 이스라엘에 왕정이 시작되었고 다윗이라는 위대한 왕이 신앙을 연결하는 자로 나타나게 된다.

나는 소명을 잇는 자인가? 끊는 자인가? 나의 가정에는 하나님의 소명이 이어지고 있는가? 아니면 끊어지고 있는가? 나의 교회는 소명의 사람을 키우고 있는가? 아니면 지금 우리는 크고 좋은데 다음세대는 사라지고 있지 않은지 고민해야 한다. 다음세대를 키우지 못했다면 소명을 완수하지 못한 것이다.

자신의 시대 속에 감추어진 비밀

소명의 삶에 대하여 알려면 시간의 의미를 깨달아야만 한다. 소명을 받은 사람은 먼저 자신의 시대 속에 감추어진 비밀을 찾는 것이 중요하다. 모든 사람은 하나님이 부여하신 시간을 살아간다. 그러나 그 시간 속에서 치르고 견뎌내야 할 일들은 똑같지 않다. 그 시대마다 역사의 무게가 다르고, 감당해야 할 책임과 대가가 다르기 때문이다. 따라서 나의 시간 속에 나에게 맡겨진 하나님의 사명이 감추어져 있다.

시대마다 감추어진 비밀들은 모두 다르다. 성경만 봐도 우리는 이것을 이해할 수 있다. 아브라함이 살아간 시간 속의 소명과 다윗이 살아간 시간 속의 소명이 다르다. 구약시대 인물들에게 맡겨진 소명과 신약시대 인물들에게 맡겨진 소명도 다르다.

하나님을 사랑하고 하나님의 영광을 위해서 살아가야 하는 본질은 같지만, 자신의 시간대를 살아가는 싸움과 자신이 겪게 되는 상황이 다르고 그것을 해결하는 방법도 다 다르다. 더욱이 오늘날 우리의 자녀세대들이 겪고 있는 엄청난 변화와 신앙의 문제들이 우리가 겪었던 신앙의 문제들과 확연히 다르다.

나는 청년 사역을 하고 있기 때문에 다른 사역자보다 나름 시대를 따라가고 있다고 자부한다. 그런데도 시대의 변화 속도가 너무 빨라 정신을 차리기 어렵다. 이러한 시대적 흐름 속에서 우리는 더욱더 소명에 집중해야 하고 좀 더 민첩하게 반응해야 한다. 너무 당연한 출발이지만 하나님께서 지금 이 시대 속에 우리를 두셨다면 이 시대 속에 감추어진 비밀이 있을 것이다. 그것을 찾아야 한다. 그 안에 부르심이 있기 때문이다.

자신에게 주어진 시대를 사는 방법

자신의 시대 속에 감추어진 비밀을 찾기 위한 첫 번째 원칙은 그 시대의 문화와 환경에 깨어 있으라는 것이다. 우리는 문화 속에 존재한다. 최우선으로 이 시대의 문화와 물질문명이 어떻게 흘러가고 있는지를 잘 파악해야 한다. 지금 이 시대는 전 세계가 하나로 묶이고 있다. 나라와 나라 간에 벌어지는 전쟁도 국경을 넘어 전 세계에 영향을 미치며, 한 지역에서 유행하는 문화가 전 세계에서 동시에 유행한다. 이런 흐름을 알고 있어야 한다.

두 번째 원칙은 그 시대 속에 자신의 위치를 알아야 한다는 것이다. 드라마를 보면 주연과 조연이 있고 또 악역 캐릭터들도 있다. 출애굽기에서도 주인공은 모세, 조연은 아론, 미리암, 여호수아 등이고 수많은 엑스트라도 나온다. 그런데 문제는 우리가 다 주연과 중요한 조연 정도는 되어야 하나님께 쓰임 받았다고 생각한다는 것이다.

하지만 그렇지 않다. 아말렉과의 전투에서 여호수아가 앞서서 전쟁에 나가 싸울 때, 여호수아 옆에서 생명을 걸고 전쟁에 참가한 이름 없는 병사들이 무수히 많았다. 그들은 성경에 이름조차 언급되지 않지만 분명히 하나님의 소명을 감당한 자들이었다.

한나는 아들을 낳아 하나님께 바치는 것이 자신의 위치였다. 한나는 그런 자신의 위치를 너무나 잘 알고 있었다. 이처럼 멋지고 자랑스러운 위치가 아니라도 우리는 하나님이 각자에게 원하시는 배역을 알고 그 위치를 놓치지 말아야 한다.

하늘의 별과 같은 엑스트라

우리는 모두 조연도 아닌 엑스트라일 수도 있다. 카메라 앵글에 내 모습이 담기지 않을 수도 있다. 하지만 그런 수많은 엑스트라가 있어야 웅장한 군대의 모습을 나타낼 수 있다. 영화의 엔딩크레딧에는 행인 1, 행인 2와 같은 단역들이 소개된다. 이런 역까지 있어야 완성도가 높아지기 때문에 엑스트라 역시 꼭 필요한 존재이다. 성경에도 그런 역할을 하는 사람들이 있다.

어떤 사람이 그를 만난즉 그가 들에서 방황하는지라 그 사람이 그에게 물어 이르되 네가 무엇을 찾느냐 창 37:15

요셉이 형들을 찾아 방황하고 있을 때 요셉은 '어떤 사람'을 만난다. 그를 통해 형들이 있는 곳을 알고 찾아가게 되어 결국 요셉은 애굽으로 팔려 가게 된다. 요셉이 그 사람을 만나지 않았다면 어쩌면 그냥 집으로 돌아가 애굽으로 팔리지 않았을 수도 있었다. 하지만 그로 인해 요셉의 인생이 바뀌고 이스라엘을 향한 하나님의 역사가 성취되었다.

> 어떤 사람이 다말에게 말하되 네 시아버지가 자기의 양털을 깎으려고 딤나에 올라왔다 한지라 창 38:13

어떤 사람이 다말에게 유다가 올라온 것을 알려줌으로써 예수님의 족보가 끊이지 않고 이어지게 된다. 그런데 우리는 이 사람이 누구인지 모른다. 그러나 이 사람으로 말미암아 하나님의 역사가 만들어진다. 드라마로 치면 단역 중에 단역이지만, 분명한 것은 하나님께서 이런 자들을 통해서 일하신다는 것이다.

중요한 것은 내 일, 내 업적이 아니라 하나님이 나를 어떤 사람으로 부르시고 내 위치를 어디로 정하셨는지를 아는 것이다. 우리가 소명을 이해하지 못하는 것은 바로 욕심 때문이다. 그 욕심이 있으면 내 시간대에 하나님께서 감추신 비밀을 발견할 수 없다. 하나님의 영원한 시간대에서 때로는 내가 어떤 사람으로, 어떤 위치를 감당했는지 모를 때도 있다. 하지만 천국에 가면 알게 될 것이다. 그리고 내가 하나님이 기뻐하시는 자였음을 알게 될 것이다.

자신의 자리를 아는 사람은 하늘의 별과 같이 빛날 것이다. 다윗과 같이 왕의 자리에서 하나님나라를 위해 애쓰기를 원한다고 고백하는 자가 아니라 자신의 위치를 알고 그 자리를 지키며 애쓰는 자가 진정한 소명자이며 하나님의 초청 가운데 자부심과 긍지를 가지고 하나님의 위대한 일에 동참하는 자이다.

04

소명의 시작은 우리가 아니다

성경은 1600년 동안 40명이 넘는 성경 기자들에 의해 쓰여졌고 그 안에 수많은 하나님의 사람이 하나님의 이야기를 이어갔다고 증언하고 있다. 특히 소명 받은 자의 삶의 모습을 상세히 설명한다.

그런데 이 소명의 이야기가 끊어질 뻔한 시대가 있었다. 바로 각자 자기 소견대로 행하며 타락해간 사사 시대이다. 그리고 그 끊어질 듯한 역사를 다시 이어간 것이 룻이다. 룻기는 끊어질 뻔한 이스라엘의 역사를 하나님이 어떻게 이어가셔서 예수 그리스도께로 연결했는지를 설명해준다.

마태복음 1장에는 생명의 족보라는 별칭의 예수 그리스도의 계보가 나온다. 구약의 인물들을 14대씩 나누어 어떻게 예수님까지 이어져 왔는지를 설명하고 있다. 사실 족보를 자세히 살펴보면 고개가 갸우뚱해진다. 왜냐하면 기막힌 사건들이 이 족보 안에 기록되었기 때문이다.

시아버지를 통해 이어간 다말의 이야기, 가나안 여인 기생 라합을 통해 이어진 이야기, 게다가 우리아의 아내 밧세바를 통해서 족보가 이어지고 있다. 수없이 끊어질 뻔한 사건들 속에서 하나님은 계속해서 잇는 싸움을 하셨고 생명이신 예수님께로 족보가 이어지게 하셨다. 하나님이 우리를 통해 하나님의 원대한 계획을 만들어 가기로 작정하셨다는 것이다.

하나님이 맡기신 소명

26 하나님이 이르시되 우리의 형상을 따라 우리의 모양대로 우리가 사람을 만들고 그들로 바다의 물고기와 하늘의 새와 가축과 온 땅과 땅에 기는 모든 것을 다스리게 하자 하시고 27 하나님이 자기 형상 곧 하나님의 형상대로 사람을 창조하시되 남자와 여자를 창조하시고 28 하나님이 그들에게 복을 주시며 하나님이 그들에게 이르시되 생육하고 번성하여 땅에 충만하라, 땅을 정복하라, 바다의 물고기와 하늘의 새와 땅에 움직이는 모든 생물을 다스리라 하시니라 창 1:26-28

이 말씀은 하나님께서 천지를 창조하시고 사람을 만드실 때 인간에게 준 첫 번째 명령이자 인간을 창조하신 목적이다. 하나님께서 다른 모든 생물들은 그 종류대로 만드셨다. 특별히 사람은 하나님의 형상을 따라 만드셨다.

하나님은 한 분 한 분이 다른, 그러면서도 본질적으로는 완벽하게 하나이신 분이다. 삼위일체의 교리는 우리의 논리나 개념으로는 이해하기 어렵다. 그렇지만 하나님의 형상을 따라 지음 받은 최초의 사람인 아담은 아마 이해할 수 있었을 것이다. 아담은 유일하게 삼위일체 하나님의 본질적인 요소에 가장 가까운 존재로 창조되었기 때문이다.

아담이 이르되 이는 내 뼈 중의 뼈요 살 중의 살이라 이것을 남자에게서 취하였은즉 여자라 부르리라 하니라 창 2:23

그는 이렇게 고백했다. 분명히 남자와 여자는 완전히 다른 존재인데 본질적으로 하나라는 고백이다. 죄로 인해 하나님과 분리된 지금의 우리로서는 이해할 수 없는 고백이지만, 창조 때 사람은 하나님의 형상과 하나의 본질을 닮은 존재였다. 그러나 원죄 이후 사람은 하나님의 본질을 이해할 수 없는 존재가 된다. 남자와 여자 역시 분리되어 여자가 독립된 하나의 개체가 되면서 연합이 깨진 것을 알 수 있다. 그러나 태초에 남자와 여자를 창조하신 하나님은 그들에게 특별한 소명을 주셨다.

> 하나님이 그들에게 복을 주시며 하나님이 그들에게 이르시되 생육하고 번성하여 땅에 충만하라, 땅을 정복하라, 바다의 물고기와 하늘의 새와 땅에 움직이는 모든 생물을 다스리라 하시니라 창 1:28

하나님은 그들에게 "생육하고 번성하여 땅에 충만하라"는 복을 주신다. "땅을 정복하라… 모든 생물을 다스리라"는 소명을 주신다. 하지만 죄가 이 세상에 들어온 후에 "정복하고 다스리라"는 이 말씀의 의미가 무력으로 굴복시키는 것이 되었다.

그러나 하나님이 말씀하신 정복과 다스림은 하나님의 마인드와 하나님의 생각으로 세상을 통치하는 것을 말한다. 완벽하게 정복하면 다른 세력이 들어오지 못한다. 다른 어떤 것이 들어올 수 없도록 완전히 장악했다는 뜻이다. 성경이 말하는 정복은 하나님의 권위와 통치가 하나님의 방법으로 넓어지는 것을 의미한다. 하나님이 사람에게 주신 소명은 본질적인 측면에서 모두 동일하다. 즉 어느 시간대에 있든지, 그 시간에 무엇을 하든지, 그 장소에 하나님께서 시작한 역사가 온전히 이루어지도록 만드는 것이다. 따라서 우리의 소명은 이 세상 모든 만물이 하나님의 통치 안으로 들어가도록 충성하는 것이다.

다시 맡겨진 소명

그러나 문제는 원죄 이후 하나님과 사람의 관계가 깨졌다는 것이다. 사람은 원래 에덴동산이라는 특별한 장소에서 말씀에 순종하며 하나님께서 맡기신 소명을 감당했다. 그러나 죄가 들어옴으로써 사람은 에덴동산에서 추방되었고 생명나무에서 멀어졌다. 그 결과 죄를 지은 사람은 이제부터 자신에게 주어진 시간만 살다가 죽는 운명이 되었다.

그러나 하나님께서는 죄 때문에 쫓겨난 사람들에게 창조 때 주신 소명을 거두지 않으셨다. 첫 사람 아담은 "생육하고 번성하라"는 축복과 세상을 다스리는 축복을 에덴동산 안에서 함께 감당했다. 그러나 죄를 지은 후에 생육하고 번성하는 복은 '가정'에 허락하시고, 세상을 향한 복음의 사명은 '교회'에 주시게 된다.

부르심을 입은 자	장소	기준
아담과 하와	에덴동산	선악과
구약의 이스라엘 백성	성막과 성전	율법
신약의 성도	교회	성경 말씀

아담과 하와의 범죄에도 불구하고 "생육하고 번성하라"는 축복의 계명이 가정에 주어졌다.

아담이 그의 아내 하와와 동침하매 하와가 임신하여 가인을 낳고 이르되 내가 여호와로 말미암아 득남하였다 하니라 창 4:1

이 말씀은 죄를 짓고 쫓겨난 하와가 임신하여 가인을 낳고 한 고백이다. 죄로 죽을 사람의 운명 속에 하나님은 여전히 생육하고 번성하라는 축복을 거두지 않으셨다. 하와 역시 "내가 여호와로 말미암아 득남하였다"고 고백하며 인류를 이어가신 하나님의 축복을 고백한다.

교회가 동성애를 인정할 수 없는 이유가 여기에 있다. 동성애자들도 서로 사랑하여 가정을 이룬다고 말한다. 그러나 가장 중요한 가정의 요소는 생육하고 번성하는 것이며, 그래서 하나님께서 사람을 창조하실 때 남자와 여자를 만드신 것이다. 남자와 여자가 연합하여 생육하고 번성함으로써 그 자손들이 시간을 이어가며 하나님의 소명을 이루는 것이다. 동성애자들은 이 소명을 따르지 않기 때문에 하나님의 시간을 끊는 자들이 될 수밖에 없다.

따라서 하나님이 부르신 모든 그리스도인들, 즉 교회가 그 시대 속에 맡겨진 역할을 알아야 한다. 내가 이 땅 가운데 있을 때 하나님께서 나를 통해서 이루실 꿈을 꾸고 있다는 것을 인식할 필요가 있다.

하나님의 꿈

이것을 가장 잘 설명하는 성경의 인물이 요셉이다. 사실 요셉은 꿈꾸는 자가 아니다. 정확히 말하면 하나님이 꿈을 주었던 자이다. 즉 하나님이 요셉에게 하나님의 꿈을 보여주셨을 뿐이다. 마찬가지로 하나님은 우리를 향해 꿈꾸고 있다. 그 꿈이 바로 하나님이 주시는 소명이 되는 것이다. 우리를 향한 하나님의 꿈, 이것이 먼저 전제되어야 한다. 따라서 우리가 소명을 말할 때 먼저 힘써야 할 것이 있다.

> 그러므로 우리가 여호와를 알자 힘써 여호와를 알자 그의 나타
> 나심은 새벽 빛 같이 어김없나니 비와 같이, 땅을 적시는 늦은
> 비와 같이 우리에게 임하시리라 하니라 호 6:3

소명의 시작은 우리가 아니다. 소명은 철저하게 하나님의 꿈으로부터 시작한다. 먼저 우리가 우리를 부르신 하나님을 알지 못하면 소명을 이해할 수 없고 가질 수도 없게 된다. 이것이 우리가 하나님 앞에 나와 예배하고 말씀을 읽고 기도해야 하는 이유이다.

우리의 신앙생활의 목적을 단순한 마음의 위로에 두면 안 된다. 그것을 넘어서서 내가 이 시대에 하나님을 알고, 하나님의 뜻을 이루는 삶을 살기 위해 애써야 한다. 그렇지 않으면 우리의 믿음은 흔들린다. 나는 독실한 불교 신자였던 나의 어머니를 전도할 때 이것을 이해했다.

어머니를 전도하며 내가 말했다. "어머니, 인생의 허무함을 느낄 때가 있잖아요. 기독교에는 기적이 많아요. 어머니의 꿈을 이루어줄 겁니다." 어머니는 "불교에도 기적이 많다"라고 답하

셨다. 내가 받은 은혜를 나누고 싶어서 "어머니, 성경을 읽어보세요. 성경을 읽고 제 삶이 달라졌어요"라고 말했지만, 어머니는 "불경도 많다. 성경은 66권이지? 불교는 팔만대장경이다"라고 응수하셨다.

따뜻함, 회복, 기쁨, 안정, 이런 것들은 기독교에서만 찾을 수 있는 것이 아니다. 솔직히 통장에 들어오는 월급이 더 큰 기쁨과 회복을 줄 때가 있다. 우리가 추구하는 것이 안정과 따뜻함과 기쁨뿐이라면 그것은 우리의 욕심이지 참 신앙생활이라고 할 수 없다.

간혹 "목사님, 말씀에 은혜받았어요"라고 말할 때 의구심이 들 때가 있다. 은혜받았다는 말이 마치 오늘 내가 듣고 싶은 말을 들었다는 느낌으로 다가올 때가 있기 때문이다. 진짜 은혜는 불편하고 듣기 싫은 말을 들을 때도 "아멘"이라고 반응하고 순종하는 것이다.

신앙생활에서도 가장 중요한 것은 하나님이 누구신지 아는 것이다. 그래야 하나님이 나에게 주시는 꿈도 알 수 있다. 꿈이 하나님으로부터 시작된 것이라면 하나님의 뜻과 본질과 방법과 성향을 알아야 내가 제대로 반응할 수 있기 때문이다.

먼저 존재 자체를 바꾸라

나는 소명이란 어떤 일이나 직업이 아니며 그 존재 자체에서 온다고 말한다. 지금 내가 살아가는 시간대와 장소는 내가 결정한 것이 아니라 하나님이 계획하셨고 하나님이 뜻하신 목적 가운데 보내셔서 있게 된 것이다. 따라서 하나님의 시간에, 하나님의 뜻하신 곳에 보내심을 받은 모든 자들은 소명자이다. 그의 존재 자체가 소명을 받은 것이다. 그렇기 때문에 그리스도인은 부르신 소명에 순종하여 살아가고 있는 자와 소명을 잊은 자로 구분될 뿐이다.

하지만 많은 그리스도인이 이 사실에 대해서 잘 알지 못한다. 그리스도인이라는 존재 자체에서 오는 소명이 있는데, 하나님에 대해서도 제대로 알지 못하니까 자신의 소명을 제대로 깨닫지 못하는 것이다.

15 우리는 구원 받는 자들에게나 망하는 자들에게나 하나님 앞에서 그리스도의 향기니 16 이 사람에게는 사망으로부터 사망에 이르는 냄새요 저 사람에게는 생명으로부터 생명에 이르는 냄새라 누가 이 일을 감당하리요 고후 2:15-16

2 너희는 우리의 편지라 우리 마음에 썼고 뭇 사람이 알고 읽는 바라 3 너희는 우리로 말미암아 나타난 그리스도의 편지니 이는 먹으로 쓴 것이 아니요 오직 살아 계신 하나님의 영으로 쓴 것이며 또 돌판에 쓴 것이 아니요 오직 육의 마음판에 쓴 것이라 고후 3:2-3

우리는 분명히 그리스도께서 보내신 편지이다. 그런 내 안에 나쁜 것이 써 있으면 나는 보내진 그 곳에서 나쁜 편지로 존재하게 된다. 이와 반대로 내 안에 그리스도의 향기가 있으면, 내가 어떤 자리에 있든지 내 존재 자체로 그리스도의 향기를 풍기게 되고, 그리스도의 편지 된 소명을 감당하고 있는 것이다. 따라서 모든 그리스도인들은 먼저 존재 자체가 바뀌어야 한다. 존재 자체가 바뀌지 않았는데 세상적으로만 성공한다는 것은 오히려 저주일 수 있다.

한때 많은 연예인을 대상으로 성경공부를 인도하면서 '경건하지 않은 자가 유명한 것은 오히려 더 큰 저주다'라는 생각을 한 적이 있다. 차라리 그가 유명하지 않았다면 그의 행동이 그렇게 큰 문제로 번지지 않았을 것이다. 유명하기 때문에 오히려 그를 따르는 수많은 사람을 실족시키고 낙담하게 만들었다.

하나님은 우리 존재 자체에 가장 관심이 많다. 왜냐하면 우리의 존재 자체에 이미 하나님의 꿈이 심겨 있는 것과 같기 때문이다. 그렇다면 무엇보다도 내 존재 자체가 하나님 앞에서 온전해져야 한다. 즉 하나님과 바른 관계를 맺어야 한다.

하나님의 소명을 받아들일 준비

하나님이 일하시는 모습은 마치 폭풍과 같다. 모세에게 나타나신 사건을 통해서도 잘 알 수 있다.

5 하나님이 이르시되 이리로 가까이 오지 말라 네가 선 곳은 거룩한 땅이니 네 발에서 신을 벗으라 6 또 이르시되 나는 네 조상의 하나님이니 아브라함의 하나님, 이삭의 하나님, 야곱의 하나님이니라 모세가 하나님 뵈옵기를 두려워하여 얼굴을 가리매 7 여호와께서 이르시되 내가 애굽에 있는 내 백성의 고통을 분명히 보고 그들이 그들의 감독자로 말미암아 부르짖음을 듣고 그 근심을 알고 8 내가 내려가서 그들을 애굽인의 손에서 건져내고 그들을 그 땅에서 인도하여 아름답고 광대한 땅, 젖과 꿀이 흐르는 땅 곧 가나안 족속, 헷 족속, 아모리 족속, 브리스 족

속, 히위 족속, 여부스 족속의 지방에 데려가려 하노라 ⁹ 이제 가라 이스라엘 자손의 부르짖음이 내게 달하고 애굽 사람이 그들을 괴롭히는 학대도 내가 보았으니 출 3:5-9

하나님이 모세를 애굽에 보내셨을 때 하나님께서는 큰 구원의 계획이 있었다. 과거 40년 전 모세가 자신의 힘과 능력으로 동족인 히브리 형제를 도우려고 했을 때는 히브리 사람조차 그의 권위를 인정하지 않았다. 그 당시 모세는 40살에 애굽 왕궁에서 배운 모든 학식과 실력이 최고에 이를 때였는데도 말이다.

왜냐하면 모세가 하나님의 권위 안에 있지 않았기 때문이다. 하나님께서 모세의 세상 힘을 빼는 데는 40년이 걸렸다. 미디안 광야에서 목자로서 40년을 보낸 모세가 영적인 눈이 열려 하나님의 말씀 앞에 자신의 신을 벗었다. 당시 노예들은 신을 신지 않고 살았다. 그러니까 신을 벗으라는 말씀을 들었을 때 모세는 그 의미를 알아차렸을 것이다. 신을 벗는다는 것은 노예가 주인 앞에서 가지는 태도이기 때문이다. 드디어 모세가 하나님의 권위 안에 들어오면서 그의 존재가 바뀌게 된 것이다.

많은 성도가 살아가면서 자신의 소명이 무엇인지를 하나님께 묻는다. 그러나 소명이 무엇인지 묻는 것은 중요하지 않다.

우리의 존재 자체가 하나님이 원하시는 소명을 받아들일 준비가 되어 있지 않다면 하나님은 대답하지 않으신다.

하나님은 모세처럼 하나님의 때를 여전히 기다리며 침묵하신다. 우리에게 맡겨진 일보다 더 중요한 것은 우리의 존재 자체가 그리스도의 향기요 그리스도의 편지인 하나님의 사람이 되는 것이다. 한 사람 한 사람이 하나님과 온전한 관계 안에 있는지 먼저 점검해야 한다.

우리는 하나님의 종이다

내 존재 자체를 안다는 것은 자기 자신을 스스로 보는 것이 아니라 하나님의 관점으로 보는 것이다. 부족한 자신의 모습을 보더라도 분명히 하나님이 부르셨다는 사실을 깨달아야 하고, 자신이 누구의 향기이며, 누가 쓴 편지인지를 깨달아야 한다.

성경은 '종'이라는 표현을 다양하게 사용한다. 우리는 종이라고 하면 하찮은 계층으로만 생각하는데 그렇지 않다. 누구의 종이냐가 중요하다. 왕의 종이라면 총리와 장관이라는 굉장한 신분을 가진 자들이다. 우리는 하나님의 '종'이다. 다른 말로 하면 하나님께서 보낸 하나님나라의 대사(大使)이다. 결코 하찮은 신분이 아니다. 내 존재 자체가 존귀한 자라는 사실을 알아야 한다.

높은 지위에 있는 사람들은 자신의 삶에 조심한다. 그 신분에 따른 책임이 있기 때문이다. 타락은 우리 자신이 존귀한 자라는 것을 놓칠 때 시작된다. 성경에 거룩함을 지킨 자들은 하나님 앞에서 자신이 어떤 존재임을 깨달은 자들이었다.

보디발의 아내가 요셉을 유혹했을 때 요셉의 관점은 세상 사람의 관점과 완전히 달랐다. 요셉은 자신을 유혹하는 보디발의 아내를 보면서 자신이 유혹에 넘어가면 보디발에게 잘못하는 것이 아니라 하나님 앞에 범죄하는 것이라고 말했다. 왜냐하면 요셉은 자신이 하나님 앞에 존귀한 존재임을 깨달은 사람이었고 그래서 유혹을 물리칠 수 있었다.

살아있는 그리스도의 향기요 편지

그러므로 무엇이든지 남에게 대접을 받고자 하는 대로 너희도 남을 대접하라 이것이 율법이요 선지자니라 마 7:12

이 말씀은 신약의 황금률로 불리는 말씀이다. 청년 시절에 나는 이 말씀을 신약의 황금률이라고 부르는 것을 이해하기 어려웠다. 적어도 신약의 황금률이라면 더 멋지고 더 대단해야 한다고 생각했다. 자신이 대접받고자 하는 대로 남을 대접하는 것은 심지어 이기적으로 보였다.

내가 저 사람에게 스테이크를 대접받고 싶어서 저 사람에게 스테이크를 대접한다면 그것은 세상 사람들도 다 하는 것처럼 보였다. 이 말씀보다는 오히려 "네 마음을 다하고 목숨을 다하고 뜻을 다하여 주 너의 하나님을 사랑하라"는 말씀이 더 황금률처럼 보였다. 그런데 나에게 이 말씀을 깊이 깨닫게 해준 사건이 있었다.

젊은 나이에 암으로 시한부 인생을 살던 사람이 호스피스 병원에 입원하게 되었다. 너무 젊은 나이라 안타까웠고 어떻게 위로해야 할지 몰랐다. 그런데 그는 그 상황에서도 하나님을 붙잡고 살았다. 자신을 도와주는 간호사에게 항상 먼저 감사의 인사를 건네며 간호사를 대접해주었다. 그는 비록 몸이 점점 쇠약해져 갔지만 병과 죽음이 주는 고통과 불안에 떨고 있는 병동 사람들에게 따뜻한 미소로 위로와 기쁨을 전하는 그리스도의 향기요 그리스도의 편지였다.

그때 나는 아무 능력이 없고 내일의 소망이 없어도 누구나 할 수 있고 죽기 직전의 사람도 이룰 수 있는 말씀이 바로 이 말씀이라는 것을 깨달았다. 임종의 순간에도 "얘들아, 천국에서 만나자"라는 말로 남은 가족들에게 가장 큰 위로와 평안과 천국의 소망을 전할 수가 있다. 이 땅에서 그리스도의 향기로 살았던 사람들만이 하나님께 영광을 돌릴 수 있다. 예수님도 십자가에 달리셨을 때 예수님과 함께 십자가에 달린 두 죄수에게 그리스도의 향기를 나타내시고 소망을 심어주셨다.

그러므로 내가 아직 존재하고 있다면 어떤 상황에서라도 나는 소명의 사람이다. 그래서 내가 존재한다는 것 자체가 중요하다. 내가 존재하는 그곳에서 내가 그리스도의 향기와 편지가 되기 때문이다.

PART 2

하나님의 시간을 잇는 자

05

소명을 어떻게 깨닫게 되는가?

그렇다면 소명은 어떻게 깨닫게 되는 것일까? 소명을 이루는 사람들을 보면 뭔가 특별해 보인다. 아브라함, 모세, 다윗과 같이 삶 가운데 드라마틱한 일들을 겪어내는 사람들을 많이 보아 왔기 때문이다. 그래서 소명 하면 뭔가 대단한 일을 해야 한다고 느끼는 것이다.

그러나 대부분의 성도의 삶도 겉보기에는 세상 사람과 별 차이 없어 보인다. 그들 역시 먹고사는 문제로 애를 쓰며 살아간다. 다른 것이 있다면 주님 앞에 예배하고 봉사하는 정도이다. 이런 사람들 모두가 소명의 사람으로 부름받았고, 그 사실을 깨닫는다는 것이 믿어지지 않는다.

그런데 하나님께서 소명을 주시고 이끌어 가시고 만들어 가시는 방법은 너무 다양하다. 어떤 시대에는 소명을 깨닫지도 못하면서 소명의 삶을 살아갈 때도 있다. 자신의 깨달음과 무관하게 말이다.

시기는 중요하지 않다

소명에 관한 한 그 첫 번째 유형은 하나님의 소명을 처음부터 아는 자들이다. 이들은 처음부터 분명히 소명을 받은 자이다. 모세, 삼손, 사무엘, 세례 요한과 같은 사람들이다. 많은 사람들이 가장 부러워하지만 사실 이들의 삶의 연단이나 그 과정을 보면 먼저 안다고 반드시 좋은 것은 아니다.

처음부터 분명히 소명을 받았기 때문에 이들은 자신이 원하는 인생을 살 수 없었다. 소명의 사람으로서 철저히 훈련받고 끝까지 살아가야 했다. 이들이 다른 길을 간다는 것은 곧 타락이었다. 하나님의 은혜와 역사를 많이 누리지만 그들이 살아간 삶의 싸움은 누구보다도 치열하다. 소명의 삶이 치열한 만큼 하나님께서 처음부터 소명을 주시며 이끌어가신 것이다.

두 번째 유형은 보편적인 경우로 살아가다가 중간에 자신의 소명을 알게 된 자들이다. 아브라함도 갈대아 우르에서 75세에 부르심을 받았다. 다윗, 예수님의 열두 제자는 물론이고 사도 바울도 그 인생이 중간에 바뀌게 되었다. "지나고 보니 하나님께서 저를 이렇게 인도하셨더라고요"라고 말하는 사람들이 이 유형에 속하는데, 이들은 여러 우여곡절을 겪으면서 소명을 깨닫고 순종하게 된다.

처음부터 소명을 받았거나 중간에 받았다고 해서 그 차이가 크게 나지는 않는다. 소명받은 자의 삶을 살아가는 과정은 별반 차이가 없기 때문이다. 삼손이 처음부터 소명을 받았다고 해서 곧장 소명의 삶을 따라 살았는가? 그렇지 않다. 그는 타락과 불순종을 반복했고 마지막에서야 하나님의 소명을 감당하게 된다.

중간에 부르심을 입은 요셉도 17세에 꿈으로 소명을 받았지만, 나중에 애굽의 총리가 되어서야 자신의 소명이 무엇이었는지 깨닫게 된다. 하지만 미처 소명을 깨닫지 못했을 때에도 요셉은 소명의 삶으로 준비되어 가고 있었다. 보디발의 집과 감옥에서 하나님이 요셉을 만들어 가셨기 때문이다. 소명을 받는 시기가 중요한 것이 아니다. 삶에서 훈련되지 않은 사람은 소명을 감당할 수 없기 때문이다.

처음부터 소명을 받는지, 중간에 깨달았는지가 중요한 것이 아니라 지금 하나님께서 나에게 소명을 말씀하셔도 순종하고 따르는 실력이 있느냐가 더 중요하다. 현재 내가 하나님이 주신 소명을 모른다고 해도 괜찮다. 지금 내가 겪는 삶의 과정 하나하나가 중요하다. 그 모든 과정을 통해서 내가 소명의 사람으로 만들어지기 때문이다.

소명을 버릴 수도 있다

세 번째 유형은 소명을 받았지만 소명을 버린 자들이다. 가장 안타까운 사람들이다. 이들을 보면서 소명을 안다는 것이 꼭 복된 것만이 아니라는 것을 알게 된다. 소명은 순종하는 자에게는 복이지만 불순종한다면 그 사람에게 가장 불행한 삶이 되기 때문이다.

성경의 인물 중에서도 안타까운 사람들이 많다. 그중에 대표적으로 여로보암이 있다. 솔로몬 왕의 타락으로 여로보암은 일생일대에 가장 귀한 축복의 시간을 잡게 된다. 아히야 선지자가 자기 옷을 찢어 열 조각을 여로보암에게 주며 이렇게 축복했다.

35 내가 그의 아들의 손에서 나라를 빼앗아 그 열 지파를 네게 줄 것이요 36 그의 아들에게는 내가 한 지파를 주어서 내가 거기에 내 이름을 두고자 하여 택한 성읍 예루살렘에서 내 종 다윗이 항상 내 앞에 등불을 가지고 있게 하리라 37 내가 너를 취하리니 너는 네 마음에 원하는 대로 다스려 이스라엘 위에 왕이 되되 왕상 11:35-37

여로보암을 이스라엘의 왕으로 삼겠다고 말씀하신 것이다.

다만 한 가지만은 분명히 하라고 하신다.

> 네가 만일 내가 명령한 모든 일에 순종하고 내 길로 행하며 내
> 눈에 합당한 일을 하며 내 종 다윗이 행함 같이 내 율례와 명령
> 을 지키면 내가 너와 함께 있어 내가 다윗을 위하여 세운 것같
> 이 너를 위하여 견고한 집을 세우고 이스라엘을 네게 주리라
>
> 왕상 11:38

이것이 여로보암이 받은 소명이었다. 그런데 소명에는 긴장
관계가 형성된다. 하나님이 주신 명령과 그 소명을 준행하지 못
하게 방해하는 수많은 조건 사이에 두려움과 긴장 관계가 발생
하는 것이다. 여로보암은 바로 이 두려움 때문에 벧엘과 단에
우상의 제단을 쌓고 레위인이 아닌 자를 제사장으로 세우는 등
우상숭배의 죄를 저질렀다.

이스라엘은 예루살렘 중심의 사회이다. 이스라엘이 남북으
로 갈라진 뒤에도 매년 세 번씩 3대 절기에는 하나님께 보이러
20세 이상의 모든 남자가 예루살렘으로 모여야 한다. 여로보암
은 예루살렘으로 가는 백성들을 보며 백성들의 마음이 남유다
로 기울어져서 북이스라엘을 잃어버릴지도 모른다는 두려운

마음에 사로잡혔다. 그러나 여로보암의 소명은 북이스라엘을 지키는 것이 아니라 북이스라엘 가운데 하나님의 뜻을 행하는 것이었고, 그렇게 할 때 하나님께서 그의 왕위를 지켜주신다는 것이었는데 소명을 놓쳐버린 것이다.

그 결과 여로보암은 불순종의 대명사가 되어버렸다. 성경에 "여로보암의 길로 행했다"라는 것이 곧 불순종을 의미하게 되었다. 소명의 저주를 받는 자의 대표가 된 것이다. 너무 안타까웠다. 다윗과 같이 여로보암의 왕조도 견고히 세워주신다는 축복을 받았음에도 불구하고 그 축복을 저버린 자가 되었다.

출애굽 이후 광야 길을 갔던 이스라엘 백성들도 마찬가지이다. 그들은 가나안 땅을 주시겠다는 하나님의 약속을 받았다. 하나님의 계획은 그들이 2년 만에 가나안으로 들어가도록 하는 것이었는데, 그들은 가나안 땅을 정탐한 열두 정탐꾼 중 열 명의 부정적인 평가를 듣고 불평하며 포기해버렸다. 그래서 가나안으로 들어가라고 하신 하나님의 소명이 다음세대로 넘어가게 되었고, 이스라엘 백성들은 광야에서 불순종의 모델로 생을 마감하게 된 것이다. 그들 역시 소명을 받았으나 소명을 버린 셈이다.

하나님께 소명을 받아도 우리가 거절하면 하나님은 그 꿈을 준비된 다른 사람에게 넘기신다. 소명을 받은 것이 중요한 것이 아니다. 내 존재가 하나님 앞에 살아가는 적극적인 반응이 있어야 한다. 하나님은 신앙의 역사를 결코 포기하지 않으신다. 시간을 끊는 자의 시대와 같던 사사 시대에도 룻과 같은 그루터기를 통해 다윗으로 이어지는 계보를 잇게 하시고, 한나와 사무엘이라는 시간을 잇는 자 또한 세우셨다.

이 시대 역시 점점 힘을 잃어가고 있다. 우리는 하나님의 뜻보다 자신의 인생을 더 중요시하는 시대를 살아간다. 하나님의 주권보다 사람의 인권을 더 중요시하는 시대이다. 이 시대에 우리가 소명을 감당하지 않고 포기해버리면 하나님은 이스라엘의 광야 40년처럼 이 시대를 연단하실 것이다. 그리고 그다음 시대의 사람을 찾으실 것이다.

언제나 무엇을 먹을까, 무엇을 마실까, 무엇을 입을까 염려하며 하나님의 꿈을 잃어버리는 세대에게는 희망이 없다. 그들의 눈은 오직 세상을 향해 있다. 그러나 하나님의 꿈이 있는 세대는 비록 세상의 힘은 없어도 자신의 소명을 감당하며 가치 있는 인생을 살아갈 것이다.

소명을 몰라도 이룬 자

네 번째 유형은 소명을 모르면서 소명을 이루는 자들이다.

6 요셉과 그의 모든 형제와 그 시대의 사람은 다 죽었고 7 이스라엘 자손은 생육하고 불어나 번성하고 매우 강하여 온 땅에 가득하게 되었더라 출 1:6-7

출애굽기의 시작은 야곱의 아들들이 애굽으로 내려가서 번창하여 큰 민족을 이루었다고 기록한다. 요셉과 그의 모든 형제와 그 시대의 사람은 다 죽고 이스라엘 자손은 생육하고 번성하였다는 이 두 절의 말씀에 400년의 시간이 담겨 있다. 그 시대의 소명은 이스라엘 자손이 애굽에서 노예살이를 하고 버티면서 자녀를 낳는 것이었다. 왜냐하면 하나님께서 400년 후에 그들을 이끌어내기 위해서 큰 민족을 만드는 과정이었기 때문이다.

그 시절을 힘겹게 살아간 사람들은 아마 이렇게 기도했을 것이다. "우리 조상의 하나님, 아브라함과 이삭과 야곱의 하나님이 우리를 이끄실 것이다." 이것 하나 붙잡고 노예살이를 하고 자녀를 낳고 죽어갔다. 그들의 자녀는 자라서 여전히 노예의 삶을 살아간다. 노예로 운명이 결정되어 노예로 살다가 노예로 죽는 것이다. 그럴 때도 부모는 그 자녀에게 다시 전해준다. "우리는 애굽 사람이 아니다. 우리 조상의 하나님이 우리를 이끌어 내실 것이다."

지금 이 시대로 설명하자면 우리는 우리 자녀들에게 세상의 것은 주지 못하고, 오직 천국을 향한 믿음만 물려주고 갈 뿐이라는 것이다. 이 하나 때문에 우리의 자녀들은 이 땅에서 부유하게 살지 못할 수도 있다. 신앙을 지키기 위해서 오히려 힘겨운 인생을 살 수도 있다. 예수 믿는다는 이유 하나로 세상 것을 포기하고 바보처럼 살아가야 할 수도 있다는 것이다.

그런데 바로 이들이 소명을 이룬 자들이었다. 400여 년 동안 아무 소망도 없는 노예로 살면서 그 끔찍한 시대를 버텨낸 이들이 소명을 다한 자들이었다. 이들 때문에 출애굽의 역사가 시작되었고 하나님의 큰일을 보게 되었다. 만약 이들이 애굽에 살면서 애굽에 동화되고 그들의 정체성을 지키지 않았다면 하나님의 큰 계획은 다른 시대로 넘겨졌을지도 모른다.

하나님이 모세에게 "나는 네 조상의 하나님이니 아브라함의 하나님, 이삭의 하나님, 야곱의 하나님이니라"라고 하셨을 때 모세가 그 말을 이해할 수 있었다는 것은 이들의 신앙이 전수되었고 그 오랜 시간들을 이어주었기 때문에 가능한 것이다. 아마 이들이 천국에 가면 놀랄 것이다. 노예로 살면서 죽도록 고생만 하고, 남긴 것이라곤 자식들밖에 없다고 생각했는데 그것이 이토록 엄청난 소명일 줄은 꿈에도 몰랐을 것이다.

이처럼 하나님께서 소명이 무엇인지 알려주지 않으실 때가 있다. 반대로 소명이 무엇인지 알려주지 않는 것이 좋을 때도 있다. 나는 힘들어 죽겠는데 "너는 소명을 다하고 있다. 그런데 좀 끔찍한 삶이야. 그냥 그렇게 살다가 죽는 거야"라고 하신다면 더 끔찍하게 느껴질 것이다.

내가 소명을 깨닫지 못한다고 해서 소명의 삶을 살지 않는 것은 아니다. 다만 나는 지금 나의 정확한 소명을 모르지만, 오늘의 시간 속에서 하나님을 따라가고 있다면 그 사람은 소명을 다하고 있는 사람일 수 있다. 우리가 대부분 여기에 해당한다.

하나님이 부여하신 시간대 속에 내가 주연이냐, 조연이냐, 단역이냐, 소품이냐에 집중하지 말라. 자기 위치를 알고 현재 내게 주어진 삶을 충실히 살아가면 된다.

06

우리의 소명은 끊임없이 공격받고 있다

모든 피조물은 시간 속에서 하나님의 뜻에 따라 살아야 하며 자신이 속한 환경을 이해해야 한다. 즉 자신의 소명을 이해할 때 자신이 어느 시대, 어느 장소에 있는지를 동시에 알아야 한다. 특별히 하나님께서 우리를 두신 구체적인 삶의 장소가 어떤 곳인지를 깨달아야 한다. 그곳이 나의 소명의 장소이자 내가 믿음의 싸움을 싸우는 곳이기 때문이다. 이것이 시간 다음으로 중요한 장소에 대한 이해이다.

우리는 자신이 살아가는 장소에 영향을 받는다. 언어, 가치관, 식습관 등등 내가 사는 곳의 문화 속에서 '나'라는 존재가 만들어지기 때문이다. 그 시대의 문화에 따라 각자의 삶의 모습과 추구하는 가치관도 달라진다. 결국 그리스도인의 실제적인 싸움은 이 세상에 살면서 그 '문화'를 어떻게 다루느냐에 있다. 따라서 하나님의 사람들은 먼저 세상 문화에 대한 인식과 기준에 대해 바르게 알아야 한다.

문화는 반드시 타락한다

문화는 악한 것인가? 선한 것인가? 아니면 중립적인가? 문화에 대한 사전적 정의는 많지만 국립국어원 표준국어대사전의 정의는 이렇다.

"문화는 자연 상태에서 벗어나 일정한 목적 또는 생활 이상을 실현하고자 사회 구성원에 의하여 습득, 공유, 전달되는 행동양식이나 생활양식의 과정 및 그 과정에서 이룩하여 낸 물질적, 정신적 소득을 통틀어 이르는 말, 의식주를 비롯하여 언어, 풍습, 종교, 학문, 예술, 제도 따위를 모두 포함한다."

문화는 사람들이 살아가는 사회 전반의 생활양식을 표현한다. 즉, 문화는 사람이 존재해야 가능하다. 문화가 인간이 살아가는 삶의 생활양식이라면 과연 문화는 중립적일까? 그럴 수 없다. 인간의 모든 삶은 죄와 결탁되어 있기 때문이다. 아담과 하와의 범죄 이후 인간의 삶에 죄와 결탁되지 않은 곳은 하나도 없다. 이것을 '전적 타락'이라고 말한다.

인간이 전적으로 타락했다면, 타락한 인간들이 만들어내는 모든 문화는 타락할 수밖에 없다. 타락하지 않았다면 예수님이 이 땅에 오셔서 십자가에 못 박혀 죽으실 필요가 없으셨다. 예수님이 우리의 죄 때문에 죽으셨다는 것이 전 시대적으로 인간의 모든 생활양식이 진리를 좇지 않는다는 것을 증언한다.

천지의 창조주이시고 참 주권자이신 하나님이 이 땅에 오셨는데도 인간의 문화는 그 주인을 배척하고 십자가에 못 박았다. 그렇기 때문에 인간의 언어, 종교, 법, 도덕, 규범은 사회 전반의 단순한 양식이 아니라 아주 깊은 곳에서부터 죄와 결탁된 삶의 전반적인 양식이다.

그렇다면 우리가 문화와 담을 쌓고 지내야 하는 존재인가? 절대 그렇지 않다. 하나님께서 우리를 세상 문화 한가운데로 집어넣으셨다. 우리는 세상의 문화를 거슬러 하나님이 원하는 곳까지 가야 할 싸움을 해야 한다. 다시 말해 우리는 세상에서 하나님의 소명을 이루는 싸움을 하는 존재인 것이다.

사람들은 모두 장소의 영향을 받는다. 그리고 인간이 살아가는 장소에서 가장 큰 영향을 주는 것이 바로 문화이다. 그런데 우리는 하나님으로부터 소명을 받기 전부터 문화 속에서 자라난다. 그 누구도 그것을 벗어날 수 없다. 그렇기 때문에 주님의 부르심을 받기 전에 세상의 문화로부터 영향받은 자신의 삶을 점검해야 한다.

나는 불교 집안에서 자랐고 나의 아버지는 신문기자셨다. 그래서 나는 내 삶의 장소에서 보고 듣고 경험해온 나의 가치관,

비판적이고 허무주의적인 사고를 고쳐야 했다. 그것이 내 몸에 배인 문화였기 때문이다.

아버지는 군부독재 시절을 살아간 지성인이었기 때문에 나는 그런 아버지로부터 그 시대의 암울함에 대해, 사회의 부조리에 대해 많이 듣고 자랐다. 비판적 사고를 하는 것에 대해 의문을 제기하는 사람도 있을지 모른다. 그런데 나의 경우 비판적 사고의 영향으로 모든 상황을 비뚤어지게 보는 싸움닭 같은 나쁜 마인드를 갖게 되었다.

이런 세상 속 문화들은 하나님의 부르심을 입은 모든 사람들의 삶의 태도에 직간접적으로 영향을 준다. 그리고 그 영향은 자신의 사역 가운데 고스란히 나타난다. 예를 들어 내가 뮤지션이었다면, 나는 나에게 영향을 준 세상 문화에 따라 음악을 표현했을 수도 있고, 신앙적 가치관에 따라 음악을 표현했을 수도 있다. 하지만 신앙적 가치를 따라 세상 문화 속에서 음악을 표현하기란 무척 어렵다는 뜻이다.

타락을 선택하는 자

창세기 6-9장은 하나님께서 세상에 가득한 사람의 죄악을 홍수로 심판하셨다고 알려준다.

> 1 사람이 땅 위에 번성하기 시작할 때에 그들에게서 딸들이 나니 2 하나님의 아들들이 사람의 딸들의 아름다움을 보고 자기들이 좋아하는 모든 여자를 아내로 삼는지라 3 여호와께서 이르시되 나의 영이 영원히 사람과 함께 하지 아니하리니 이는 그들이 육신이 됨이라 그러나 그들의 날은 백이십 년이 되리라 하시니라 창 6:1-3

이 말씀에 따르면 하나님께서 자신이 창조한 사람을 지면에서 쓸어버리는 심판을 결심한 이유가 하나님의 아들들이 사람의 딸들의 아름다움을 보고 자기들이 좋아하는 모든 여자를 아내로 삼았기 때문이라고 한다. 즉 결혼을 잘못한 것이 홍수 심판의 가장 큰 이유라는 것이다.

결혼은 단순히 배우자를 만나 살아가는 것이 아니다. 결혼은 단순한 사랑을 넘어서서 그 사람과 마음을 같이하며 평생을 함께 살아가는 것이다. 그래서 누구와 결혼하는지를 보면 그 사람이 무엇을 사랑하고, 무엇을 중요하게 여기는지 그의 가치가 드러난다.

나는 청년들에게 배우자를 구할 때 교회 공동체 안에서 만나도록 권면한다. 그러면 청년들은 공동체는 친구 같아 이성적인 느낌이 들지 않는다고 하면서 오히려 세상에서 배우자를 데려온다. 특히 교회 내에 남녀 성비가 맞지 않아 신앙이 좋은 자매들이 배우자를 찾기가 굉장히 어렵다. 그런데 아이러니하게도 남자 청년은 믿는 자매를 만나는 것이 아니라 세상에서 배우자를 데려온다는 것이다.

세상적인 조건만으로 이성적인 느낌이 있다거나 사랑한다고 말하는 것이라면 그 사람은 세상을 사랑하고 세상을 붙잡는 것일 수도 있다. 물론 믿지 않는 사람과 결혼한 모든 사람이 세상만 사랑한다고 말할 수는 없다. 그러나 만약 이 사람이 세상적인 조건만 보고 배우자를 결정한 것이 아니라면 그는 믿지 않는 배우자의 구원을 위해 엄청난 수고를 해야 할 것이다. 그것이 아니라면 세상의 것도 괜찮다는 안이한 생각이 분명히 그 안에 자리 잡고 있음을 알아야 한다.

성경에서 말하는 타락은 윤리 도덕적 가치를 말하는 것이 아니다. 하나님의 말씀에 순종하지 않는 것, 하나님의 뜻에 반대편에 서는 것을 타락이라고 한다. 그래서 창세기 6장에서는 그 타락상을 결혼으로 표현했다. 그들은 영적인 존재에서 육신만 남은 세상적인 사람들이 되었다. 이처럼 결혼은 내가 무엇을 사랑하는지, 내가 무엇을 포기하지 못하는지를 모두 보여준다.

나도 결혼하기 전에 몇 명의 자매와 사귀었다. 그런데 자매들을 만날수록 하나님을 사랑하지 않는 사람은 죽어도 좋아할 수 없고, 더욱이 결혼할 수 없다는 것을 분명히 알게 되었다.

한번은 외모도 이쁘고 나와 모든 것이 잘 통하는 자매를 만난 적이 있었는데, 어느 날 내게 왜 십일조를 하느냐고 질문했다. 그때부터 나는 그 자매에게 기본적인 신앙생활에 대해 알려주었다. 그런데 점점 지쳐갔다. 내가 말하는 지침이란 본질적으로 이 자매를 더 깊이 사랑할 수 없다는 것을 알게 되었다는 것이다.

나는 부모님도 가족도 모두 믿지 않는 가정에서 혼자 믿음의 싸움을 하며 신앙생활을 하고 있었기 때문에 신앙이 깊어질수록 믿음의 가정을 꾸리고 싶은 마음도 깊어졌다. 결국 예수님을 사랑하지 않는 자매는 아무리 예쁘고 다른 것이 다 맞아도 통할 수 없다는 것을 깨달았다. 이 자매를 배우자로 맞이하면 우리 가족을 전도하기도 어렵고, 자녀를 낳아도 신앙의 문제로 싸워야 할지 모른다. 나는 그때부터 다시는 신앙이 없는 자매에게 관심을 갖지 않게 되었다.

세상과 신앙 가운데 징검다리를 놓으라

우리가 어떤 사람을 좋아하면 그 밑바탕에는 그 사람을 좋아하고 사랑하게 된 본질적인 가치관이 있다. 창세기 6장에서 하나님의 아들들이 세상의 딸들을 사랑했다는 것은 그만큼 세상의 문화와 가치를 사랑하게 되었다는 말이다. 그리고 그것은 하나님과 동행하지 않고 세상과 동행하게 되었다는 말이다.

그리스도인의 삶은 세상 사람들과 완전히 다르다. 겉모습은 비슷할지 몰라도 삶의 가치와 목적은 같을 수 없다. 그리스도인의 삶의 양식 하나하나가 문화를 만들어내기 때문이다. 나는 내가 속한 모임에서 절대로 성적인 농담을 하지 못하게 한다. 그 자리에 내가 있는데도 그런 행동이나 분위기를 계속 만든다면 나는 조용히 모임에서 나가버린다. 그러면 그 친구들이 나를 부르지 않든지, 적어도 내가 있는 장소에서는 매우 조심하게 된다.

우리가 세상을 다 바꾸지는 못해도, 적어도 내 주변에 있는 사람들의 문화를 바꾸는 싸움을 해야 한다. 교회 공동체 안에서 성도의 교제도 깨어서 조심해야 한다. 성도의 삶도 이 세상 속에 있기 때문에 세상을 이야기할 수밖에 없다. 그러나 주식 이야기, 집, 돈, 연애 이야기만 하다가 끝내면 세상 문화와 다를 것이 없다. 우리의 모임 가운데는 하나님에 대한 인식과 하나님의 말씀을 나누는 신앙의 문화가 나타나야 한다.

그러면 우리가 문화를 논하면서 세상과 신앙을 이분법적으로 봐야 하느냐고 물을 수 있다. 결국에 세상과 신앙은 나누어질 수밖에 없다. 그러나 우리가 세상 문화를 무조건 부정적으로 생각하고 죄악시하며 회피하라는 것은 아니다. 세상 속의 문화도 각 시대에 따라 죄의 깊이와 타락상이 다르다.

내가 고등학교 다닐 때 문화를 보는 관점으로 지금의 문화를 본다면 지금이 그때보다 더 타락했다. 그 한 예가 동성애이다. 물론 우리의 궁극적인 목적과 목표는 하나님나라의 문화를 이 땅에 실현하고 보여주는 것이다. 그렇게 하기 위해서 우리는 죄로 타락해가는 세상의 문화를 막아야 한다. 그것이 하나님께서 세상 속에 두신 건전한 문화이다.

예수님을 모르는 친구들에게 신앙의 문화를 이야기하면 아마 그들이 인상을 찌푸릴 것이다. 그러나 모임에서 음담패설을 못하게 하는 문화에 대해서는 거의 모두 동의한다. 이렇듯 타락한 세상의 문화를 하나님나라의 문화로 이끌기 전에 먼저 세상의 건전한 문화로 징검다리를 만들어야 한다.

문화가 타락할수록 그 문화 속에서 하나님을 보기가 힘들다.

그래서 좀 더 많이 공감할 수 있는 건전한 문화를 먼저 만들어 나가야 한다. 음악도 CCM이나 찬송가만 만들면 우리만의 문화가 될 수밖에 없다. 세상 음악 속에도 정서적으로 좋은 음악을 만들어 한 단계 더 높이면, 그다음 단계로 끌어가기가 쉽다. 고지식할 정도로 신앙만 고집하면 문화는 단절될 수밖에 없다.

실력을 인정받으라

매일 예배드리고 기도하는 것만이 기독교 문화를 추구하는 것은 아니다. 하나님의 가치를 생각할 수 있는 다양한 양식들을 공유할 수 있는 방법들이 있을 것이다. 그리고 문화는 사람과 같이 갈 수밖에 없기 때문에 무엇보다 우리의 실력이 중요하다. 세상 사람들은 그 분야에서 실력을 인정받아야 그 권위 또한 인정한다. 따라서 하나님께서 우리에게 주신 재능을 열심히 갈고 닦아 세상으로부터 실력을 인정받아야 한다. 그리고 세상에 건전한 문화를 더 많이 소개하고 느끼게 해야 한다.

실제로 우리 주변에 연예인, 운동선수, 음악가, 사업가, 교사 등 유명인 중에서 훌륭한 그리스도인도 많다. 그들은 신앙을 말하기 전에 세상 속에서 자신의 삶과 일을 통해 인정받는 자들이다. 이런 그리스도인들이 이 시대 속에서 큰 영향력을 끼친다. 예수를 믿지 않는 사람들도 그들을 칭찬한다.

그리스도인들은 세상 속에서, 그리고 맡은 영역에서 먼저 그 삶을 인정받아야 한다. 교회가 세상에서 욕을 먹을 때가 언제인가? 실제는 신앙의 문제가 아닐 때가 많다. 대부분 그들의 삶이 비상식적이고 비윤리적일 때이다.

직장생활도 성실히 해서 그 실력을 인정받았을 때 그 안에서 말할 자격과 권위가 생긴다. 자신의 일터에서 세상의 문화를 막고 그 문화를 하나님나라의 문화로 바꾸려면 최선을 다해 실력을 길러야 한다. 이것이 우리가 문화 속에서 진리의 싸움을 하는 삶이다. 성실하게 살고 최고가 되어도 남다른 가치를 보여주는 사람이 되어야 한다.

요즘 영화를 보면 좀비, 귀신, 범신론적 세계관 등이 너무나 많이 등장한다. 그동안 내가 즐겨보던 영화 시리즈에서도 그런 것들이 당연하게 나타나는 것을 보고 다시는 그 시리즈 영화를 보지 않기로 했다. 세상 영화이기 때문에 기독교적 세계관이 없는 것은 당연하다. 그러나 의도적으로 나쁜 가치를 심어놓는 것은 분명히 문제가 있다. 이런 영화가 계속 문화를 지배하게 되면 많은 사람들이 더욱 반성경적인 문화관을 갖게 될 것이다.

그리스도인은 이런 문화를 거슬러야 한다. 영화는 사람들이 보지 않으면 만들어지지 않는다. 한국 교회와 기독교인이 동참하지 않는 한 천만 관객의 영화가 될 수는 없다. 나쁜 문화를 전파하는 영화라면 철저하게 배척해야 한다. 그럴 때 건전하고 좋은 영화를 더 재밌게 만들어서 성공한다면 사람들의 생각과 마인드에 큰 영향을 줄 것이다. 문화에는 메시지가 있기 때문이다. 성경적 메시지를 의도적으로 드러내지 않더라도 건전한 문화를 세상 가운데 전파할 수 있는 실력을 키워야 한다.

먼저 타락의 문화를 끊어내라

어떤 목사님이 강아지를 키우는 집사님 집에 심방을 갔다. 개가 주인을 반기러 나오자 그 집사님이 "엄마 왔다, 엄마 왔어"라고 말했다고 한다. 그래서 목사님께서 "집사님, 언제 개를 낳았어요?"라고 하자 "에이, 목사님. 그냥 한 가족처럼 키우는 거죠"라며 정색하며 말했다고 한다. 그러니까 도리어 목사님께 그렇게 말하면 안 되는 거라고 가르친 셈이다. 요즘 같은 시대에 그렇게 말하면 동물을 사랑하지 않는 무식한 사람의 말처럼 들릴 수 있다. 그러나 말은 곧 그런 세상을 당연하게 여기는 마인드를 만든다.

온 땅의 언어가 하나요 말이 하나였더라 창 11:1

창세기 11장은 온 인류가 바벨탑을 쌓아 하나님께 도전했다고 말한다. 그때 인류의 언어는 하나였다. 그 의미는 동일한 말을 쓰고 있었다는 것도 되지만, 그들의 마인드가 하나라는 뜻이기도 하다. 영어권 외국인과 한국어를 쓰는 한국인은 언어도 다르고 마인드도 다르다. 그래서 하나님은 언어를 다르게 함으로써 인류를 흩어버리셨다.

집에서 키우는 강아지한테 사람을 주인이 아닌 엄마라고 느끼게 하는 것은 동성애보다 더 나쁘다고 생각한다. 동성애는 하나님이 만든 성(性)의 개념을 깨는 것이며, 개를 가족이라고 하는 것은 종(種)의 관계를 깨는 것이기 때문이다. 단어는 개념을 만들고 가치관을 만든다. 개념은 문화를 만들어낸다. 개가 가족이 되고 형제가 되니까 외국에서 동물과의 수간이 성행하고 실제로 개와 결혼하는 사람까지 생겨났다.

기독교인들은 하나님의 마인드로, 진리로 세상을 보아야 한다. 하나님께서 "땅을 정복하라. 모든 생물을 다스리라"고 하신 것은 하나님의 통치 안에서 온전히 보살피라는 뜻이다. 하나님의 명령에 따라 집에서 기르는 개나 고양이뿐만 아니라 모든 생물을 아끼고 돌봐야 한다. 그러나 바른 개념과 마인드로 기독교 문화를 만들어야지, 도리어 세상 문화에 끌려가서는 안 된다. 그래서 모든 그리스도인은 먼저 타락의 문화를 끊어내는 사람이 되어야 한다. 이것이 세상 문화 속에서 진리의 싸움을 해야 하는 모든 그리스도인의 소명이다.

소명의 삶을 살아가는 것은 만만치 않다. 소명은 그냥 주어진 일이나 직업이 아니라 하나님을 영화롭게 하는 싸움이기 때문이다. 사탄은 그리스도인들이 소명의 삶을 살지 못하도록 하기 위해 실제적인 어려움으로 공격한다. 소명의 삶을 빼앗으려고 한 적이 있음을 반드시 기억해야 한다.

나를 유혹하는 3가지

우리가 하나님 앞에 소명을 갖지 못하도록 방해하는 사탄의 세 가지 공격 방법이 있다. 이 세 가지 방법은 아담을 공격할 때도, 예수님을 공격할 때도 썼던 것으로 이 방법을 잘 살펴보면, 우리를 방해하는 사탄의 방법들을 미리 알 수 있다.

⁵ 너희가 그것을 먹는 날에는 너희 눈이 밝아져 하나님과 같이 되어 선악을 알 줄 하나님이 아심이니라 ⁶ 여자가 그 나무를 본즉 먹음직도 하고 보암직도 하고 지혜롭게 할 만큼 탐스럽기도 한 나무인지라 여자가 그 열매를 따먹고 자기와 함께 있는 남편에게도 주매 그도 먹은지라 창 3:5-6

하와가 나무를 보았더니 그 열매가 먹음직하고, 보암직하고, 지혜롭게 할 만큼 탐스럽게 보여서 따먹었다고 말씀한다. 우리도 먹음직하다, 보암직하다, 지혜롭게 할 만큼 탐스럽게 보인다는 이 세 가지를 잊으면 안 된다.

¹⁵ 이 세상이나 세상에 있는 것들을 사랑하지 말라 누구든지 세상을 사랑하면 아버지의 사랑이 그 안에 있지 아니하니 ¹⁶ 이는 세상에 있는 모든 것이 육신의 정욕과 안목의 정욕과 이생의 자랑이니 다 아버지께로부터 온 것이 아니요 세상으로부터 온 것이라 요일 2:15-16

세상으로부터 온 세 가지는 육신의 정욕, 안목의 정욕, 이생의 자랑이다. 사탄은 이것으로 예수님을 시험했다. 첫째, 40일

금식을 마친 예수님에게 돌이 떡이 되게 하라고 했다. 이것은 육신의 정욕으로 예수님을 시험한 것이다. 둘째, 천하 만국을 보여주며 자신에게 절하라고 했다. 보암직한 상황을 만들어서 안목의 정욕을 통해 예수님을 시험한 것이다. 셋째, 사탄은 예수님을 성전 꼭대기에서 뛰어내리라고 시험했다. 그러면 천사들이 받들어줄 것이라고 한 것이다. 이것은 이생의 자랑으로 예수님을 시험한 것이다. 육신의 정욕, 안목의 정욕, 이생의 자랑, 이 세 가지는 사탄이 우리를 유혹할 때도 가장 잘 사용하는 방법이다.

삶의 풍요가 하나님과 멀어지게 한다

사람이 육신의 정욕에 빠지면 당장 눈에 보이는 것과 급한 것에 마음을 빼앗기게 된다. 물질에 대한 안정감이 없으면 불안해지고 불안은 조급함을 만들어내고 이 조급함이 영적으로는 나태함으로 연결된다. 조급함과 나태함이 우리가 육신의 정욕에 빠질 때 보이는 양상이다.

영적으로 나태하다는 것은 하나님을 향한 나태함을 의미하는데, 이것은 우리가 흔히 생각하는 게으름과는 개념이 다르다.

자신의 현실에 묶여서 세상 일에는 열심을 다하지만 하나님과는 멀어지는 것이다. 물질적으로 가난한 자에게만 생기는 것이 아니다. 재정이 많아도 얼마든지 마음이 쫓길 수 있다.

육신의 정욕에 빠진 사람은 세상적으로 잘 살고, 돈도 잘 벌고, 안정감을 누리면서도 소명의 삶을 살지 못한다. 그들은 언제든지 하나님에게 가면 되고, 예배드리면 된다고 생각하며 주어진 시간을 낭비한다.

놀랍게도 세상적으로 채워지는 축복을 받았음에도 하나님의 소명에는 관심이 없는 성도들이 많다. 어떤 교회는 성도가 많아도 매년 교사를 모집하는 일이 어렵다. 왜냐하면 예배를 마치고 골프를 치러 가야 해서 시간이 없고, 또 골프 치는 데 드는 비용도 만만치 않아 헌금을 잘 못한다는 것이다. 골프를 칠 정도로 물질을 주었는데 그것이 도리어 교회 봉사를 하지 못하는 원인이 되었다.

이렇듯 어떤 선택은 집중과 포기가 동시에 이루어진다. 따라서 한쪽을 선택했다면, 다른 한쪽은 나태해질 수밖에 없다. 육신의 정욕은 소명을 빼앗아 가는 사탄의 가장 강력한 첫 번째 도구이다.

나는 지금 무엇을 보고 있는가

안목의 정욕은 근시안적 사고를 하게 만든다. 흔히 기독교인들의 신앙을 종말론적 신앙이라고 한다. 이 종말론적 신앙은 시간을 이해하고 사는 데 굉장히 중요하다. 역사의 시간을 어떻게 보느냐에 따라 삶의 가치관이 달라지기 때문이다. 기독교의 시간관은 시작과 끝이 있는 직선적 시간관이다. 그리고 알파(처음)와 오메가(마지막)가 되시는 하나님의 영원한 시간대 사이에 우리의 시간을 두셨다.

이 종말론적 시간관은 우리가 사는 이 세상은 언젠가 끝이 나고 하나님의 심판이 있으며, 이 세상의 가치가 끝나고 하나님 나라의 가치가 인정되는 영원한 하나님나라로 연결된다고 믿는 것이다. 그래서 종말론적 시간관을 가진 사람들은 이 세상의 가치와 명예를 목적으로 삼지 않는다. 그들은 심판받을 세상 가치를 좇지 않고 영원한 나라의 가치를 미리 가지고 와서 이 땅에서 그 가치로 살아간다. 어떨 때는 세상에서 조롱받고 어려움을 당할 때도 많지만 영원한 하나님나라의 가치를 따라 살기 때문에 이겨낼 수 있다. 이것이 종말론적 신앙이다.

사람은 자신이 지금 보는 가치에 따라 삶의 목적과 준비가 달라진다. 시간대를 살아가는 자세가 달라진다. 안목의 정욕은 당장 돈이 필요하고, 당장 명예롭고, 당장 좋은 것을 얻어야 한다는 근시안적 사고를 만들어낸다. 이런 근시안적 사고를 하게 되면 사람들은 사나워진다. 쉽게 분노한다. 이스라엘 백성들도 광야에서 매일 똑같이 주시는 만나를 먹으면서 불평했다. 그러나 당장 아이들의 성적이 떨어져도 더 넓은 시야를 가진 부모는 낙심하지 않는다. 소명의 사람들은 인생을 지금의 결과가 아니라 영원한 하나님나라의 가치로 보는 시야가 있다.

자기 이름과 명예를 원하는가

이생의 자랑은 탐스러운 것이다. 하나님 앞에서 인정받고 칭찬받기를 기대하고 살아가는 사람은 이 땅에서의 자랑과 영광이 그다지 중요하지 않다. 이 땅에서의 칭찬보다 하나님의 칭찬이 중요한 것을 알기 때문이다. 그런데 믿음을 잃어버린 사람은 이 땅에서 자신의 이름과 명예, 삶의 부요함을 추구하고 탐낸다.

또 말하되 자, 성읍과 탑을 건설하여 그 탑 꼭대기를 하늘에 닿게 하여 우리 이름을 내고 온 지면에 흩어짐을 면하자 하였더니

창 11:4

이것이 바벨탑을 쌓은 목적이다. 땅에서 자신의 이름을 내는 것, 뭉쳐서 자신들이 추구하는 삶을 만드는 것이다. 예수님이 금식 후 시험을 받으실 때 첫 번째와 마지막 시험에서 사탄은 "네가 하나님의 아들이거든 무엇을 하라"고 시험했다. 하나님의 이름에 대한 자긍심, 자존심을 걸고넘어진 것이다.

그러나 예수님은 하나님의 아들됨의 능력을 입증하지 않으셨다. 왜냐하면 굳이 사탄에게 그것을 입증할 이유가 없기 때문이다. 예수님은 이미 하나님을 알고 있고 믿고 있다. 그렇기 때문에 마치 의심하거나 믿지 않는 자처럼 자신의 능력을 입증할 이유가 없다. 그것을 입증하는 것 자체가 하나님을 시험하는 것이 되기 때문이다.

예수님은 세상의 것을 바라보지 않고 탐스러워하지도 않으신다. 예수님의 관심은 오직 하나님께 있기 때문에 말씀에 순종하셨고 사탄의 유혹에 전혀 흔들리지 않았던 것이다. 만약 세상 사람들에게 인정받고 싶고, 자랑하고 싶고, 세상의 것을 당장 취하고 싶다면, 하나님께서 소명을 보여주셔도, 그 소명을 품을 수 없을 것이다.

이런 사람들은 "꼭 그렇게까지 해야 해?"라는 말을 입버릇처럼 한다. 그러나 이 말인즉 다른 마음을 품고 있다는 말일 수도 있다. 물론 하나님의 일을 하기 위한 더 좋은 방법을 찾는 취지의 말일 수도 있다. 그러나 그렇지 않다면 그의 마음 깊은 곳에 세상의 탐스러움을 추구하는 욕심이 있을 수 있다.

이런 영적 나태함과 근시안적 사고와 믿음 없는 태도들이 나도 모르게 튀어나올 때 입술의 용어들을 점검해야 한다. 그 사람이 주로 하는 말과 말투를 보면 그 사람의 중심을 볼 수 있기 때문이다.

아담과 하와를 시험하고 예수님을 시험한 사탄은 지금도 이 세상 속에서 소명의 사람들을 끊임없이 공격한다. 아담과 하와처럼 세상의 것에 마음을 빼앗겨 실패하는 자가 아니라 예수님처럼 하나님을 바라보면서 승리하는 진정한 소명자가 되기를 바란다.

07

소명을 받은 자는 이렇게 산다

　하나님께 부르심을 받은 자들, 하나님으로부터 온 소명을 깨달은 자들은 모두 동일한 삶의 태도를 가진다. 그중 첫 번째는 자신이 '큰 죄인'이라는 것을 깨닫는 것이다. 하나님의 부르심 앞에서 자신이 죄로 가득한 존재임을 보게 된다는 것이다.

내 존재됨을 파악하라

　8 시몬 베드로가 이를 보고 예수의 무릎 아래에 엎드려 이르되 주여 나를 떠나소서 나는 죄인이로소이다 하니 9 이는 자기 및 자기와 함께 있는 모든 사람이 고기 잡힌 것으로 말미암아 놀라고 10 세베대의 아들로서 시몬의 동업자인 야고보와 요한도 놀랐음이라 예수께서 시몬에게 이르시되 무서워하지 말라 이제 후로는 네가 사람을 취하리라 하시니 11 그들이 배들을 육지에

대고 모든 것을 버려 두고 예수를 따르니라 눅 5:8-11

깊은 데로 가서 그물을 내려 고기를 잡으라는 예수님의 말씀대로 했을 때 베드로는 그물이 찢어질 만큼 많은 고기를 잡았다. 이때 베드로는 고기를 많이 잡은 기쁨에 들뜨지 않고 예수님의 무릎 앞에 엎드려 자신이 죄인임을 고백한다. 그러자 예수님께서 베드로에게 이제부터 사람을 낚을 것이라는 소명을 주신다. 이때부터 베드로의 인생이 바뀌고 제자의 삶이 시작된다.

소명을 받을 때 우리는 먼저 소명을 주신 하나님 앞에 서게 된다. 그리고 그 소명을 주신 분을 보게 된다. 따라서 소명을 받은 사람의 첫 번째 시작은 하나님 앞에 자신의 존재됨을 먼저 볼 수밖에 없는 것이다. 그 존재됨이란 하나님 앞에서 자신이 얼마나 비천한 존재인지 깨닫는 것이다.

소명을 받은 자들은 위대한 자들이 아니다. 위대하신 하나님께서 부르셨기 때문에 가치가 있는 것이다. 모세도 하나님 앞에 서는 아무 자격이 없는 모습으로, 노예처럼 신을 벗어야 하는 존재로 소명을 받았다. 하나님께서 "사무엘아, 사무엘아"라고 부르시자 사무엘은 "말씀하옵소서. 주의 종이 듣겠나이다"라고 말한다. 자신은 하나님 앞에 말대꾸하며 흥정하거나 요구하는 존재가 아니라 하나님의 말씀을 경청하기 위해 무릎 꿇어야 할 존재라는 것을 알았다.

그리스도인은 소명을 받기 전에 먼저 하나님 앞에 자신의 존재를 인식해야 한다. "나는 죄인입니다. 나는 피조물입니다. 나는 가치가 없는 자입니다. 나는 하나님이 주시지 않으면 어떤 것도 취할 수 없습니다. 지금 가지고 있는 것도 내 것이 아닙니다"라는 고백이 있어야 한다. 내가 가진 것이 내 것이라고 착각하는 그 자체가 죄이다. 자신의 존재됨을 알아야 하나님이 보이고 하나님께 반응하기 시작한다. 소명자들의 특징은 모두 하나님께 엎드린 자들이다.

삶의 우선순위를 점검하라

자신의 존재를 알면 하나님에 대한 인식이 커진다. 자신의 죄의 깊이를 깨달은 만큼 은혜의 깊이도 커진다. 그만큼 하나님이 크고 위대해 보이는 것이다. 하나님이 크게 보이지 않는 것은 자신의 죄에 대한 크기와 깊이를 깨닫지 못하기 때문이다. 자기 죄의 깊이를 깨달은 자는 자신이 얼마나 하나님의 은혜와 사랑을 받을 만한 가치가 없는 자인지 고백하게 된다.

다음은 사도 바울과 아브라함과 다윗의 고백이다.

미쁘다 모든 사람이 받을 만한 이 말이여 그리스도 예수께서 죄인을 구원하시려고 세상에 임하셨다 하였도다 죄인 중에 내가 괴수니라 딤전 1:15

아브라함이 대답하여 이르되 나는 티끌이나 재와 같사오나 감히 주께 아뢰나이다 창 18:27

나는 벌레요 사람이 아니라 사람의 비방거리요 백성의 조롱거리니이다 시 22:6

이렇게 하나님에 대한 인식이 커지면 삶의 우선순위가 바뀐다. 예수님께서 베드로를 사람을 낚는 어부로 부르셨을 때 베드로의 삶이 물고기를 잡아서 먹고사는 어부가 아니라 영혼을 구하는 자의 삶으로 우선순위가 바뀐 것이다.

그런데 우선순위가 바뀐다는 것이 꼭 직업이 바뀐다는 것만을 말하지는 않는다. 소명을 받은 사람이라도 겉모습은 여전히 똑같다. 똑같은 가정과 회사에서 똑같이 일한다. 그러나 삶의 우선순위가 바뀌어 있다. 어제까지는 내가 원하는 세상의 물질과 풍요를 좇았다면, 지금부터는 하나님의 영광이 내 삶의 우선순위가 되는 것이다.

> 그런즉 너희는 먼저 그의 나라와 그의 의를 구하라 그리하면 이 모든 것을 너희에게 더하시리라 마 6:33

소명을 받은 자는 어떤 일을 할 때 먼저 해야 할 것이 무엇인지를 깨닫게 된 자들이다. 이들은 목숨을 위하여 무엇을 먹을까, 무엇을 입을까를 염려하던 삶에서 어떻게 하면 먼저 그의 나라와 그의 의를 구하며 살까를 고민하기 시작한다. 이처럼 우선순위가 바뀌었다는 것은 자신의 삶의 모든 질서와 체계가 바뀐 것을 의미한다. 단순히 하나님의 영광을 위해 살겠다는 고백으로 끝나는 것이 아니라 자신의 삶, 가족, 취미, 재정관리, 시간, 건강 등 모든 부분에 영향을 주게 된다.

한번은 이민교회에 가서 집회한 적이 있다. 이민교회 성도들의 삶은 치열하고도 외롭다. 교회에 나오는 교인들 중에는 신앙생활을 하기 위한 것도 있지만, 같은 민족과 교제하기 위해서 교회에 나오기도 한다.

그때 집회에서 요셉에 대해 설교했다. "이곳에 이민을 오신 것이 자신이 결정해서 온 것이 아니라 요셉처럼 하나님께서 앞서 보내셨음을 기억하고 앞서 보낸 자의 삶을 살아야 한다"라는 메시지를 전했다. 나중에 그 교회에 다시 방문했을 때 한 집사님이 이렇게 고백했다. "집회가 끝나고 나서 집에 가서 냉장고에 가득 차 있는 맥주를 모두 버렸습니다. 여태까지 주님이 아니라 맥주와 사람에게 위로받고 의지하며 살았는데, 이제부터는 제대로 신앙생활을 해보고 싶습니다." 그 집사님은 먼저 성경을 읽고 기도하기로 우선순위를 정했기에 그간 자신에게 기쁨을 주던 맥주를 모두 버린 것이다. 신앙인으로서 술을 먹는 것이 죄인가 아닌가를 말하는 것이 아니다. 하나님을 위해 살려는 자는 분명한 신앙의 우선순위가 삶의 모습으로 드러나게 되어 있다는 것이다.

삶의 우선순위를 주님으로 정하라

하나님의 소명을 인식하고 삶의 우선순위가 바뀐 자들의 신앙생활은 치열해질 수밖에 없다. 삶의 현장에서 하나님의 뜻을 이루는 것은 우리의 힘만으로 감당할 수 없기 때문이다. 그래서 소명 받은 자들의 신앙생활은 종교적이지 않다. 그들은 소명을 감당하기 위해 하나님 앞에서 온 마음으로 예배드리고, 말씀을 붙잡고 삶으로 몸부림치며 기도한다.

그들이 성경을 보는 것은 단순한 종교적 습관을 넘어서서 하나님의 뜻을 구하는 것이다. 또 예배를 드리며 자신을 쳐서 복종시킴으로써 하나님의 통치 아래 들어가는 것이다. 이들의 기도는 예수님이 겟세마네 동산에서 땀이 핏방울같이 되도록 하나님께 치열하게 기도하신 것과 같이 주님을 붙잡고 씨름하는 것이다.

이처럼 삶의 우선순위는 저절로 만들어지지 않는다. 인간은 자신을 삶의 주인으로 삼고자 하는 욕구가 강하기 때문에 하나님을 향해 끊임없이 자신을 쳐서 복종시킬 때만 가능한 것이다.

영적 권위는 기도에서, 무릎 꿇음에서 나오는 것이다. 나는 고등학교 때부터 10년간 금요일마다 밤 11시부터 아침 6시까지 철야기도를 했다. 수유리에 있는 영락기도원에 가서 밤새 기도하고 울며 하나님을 붙잡았다.

돈도 없고, 실력도 없고, 가난하고, 믿음 없는 가족뿐이라 결혼은 생각조차 할 수 없었다. 오직 하나님의 힘과 도움을 구하며 응답을 받으면서 버텨냈다. 그런데 지금 청년들을 보면 하나님 앞에 치열함이 없어 보인다. 세상적으로는 이전 세대보다 더 많이 채워졌는데 신앙적으로는 치열함이 사라졌다. 어쩌면 세상 물질의 풍요로움이 오늘날의 그리스도인들을 나태하게 만들고 우선순위를 바꾸고 있는 것이 아닌지 모르겠다.

명심할 것은 모든 시대의 소명자는 어떤 상황에서도 치열하게 기도했으며 삶의 우선순위가 언제나 하나님이었다는 것이다. 항상 하나님이 기뻐하시는 삶을 우선순위로 세우고 자신의 삶을 정리하기 바란다. 그리고 하나님께 치열하게 기도하기 바란다. 어떻게 기도해야 할지 도무지 생각나지 않는다면, "하나님, 저를 불쌍히 여겨주십시오. 하나님, 저를 바라봐주십시오. 역사해주십시오. 제가 지금 무엇을 어떻게 해야 할지 모르겠습니다"라고 기도하라.

소명자의 삶을 살아가려면 삶의 우선순위가 분명해야 한다. 인생을 산다는 것은 내 힘으로 쉽게 되지 않는다. 우리는 먼저 주님을 붙잡고 우리의 우선순위를 주님으로 정해야 한다.

실력이라는 달란트로 섬겨라

안타깝게도 우리의 결단만으로는 소명을 감당할 수 없다. 소명을 감당하기 위해서는 실력이 있어야 한다. 그래서 하나님은 소명을 감당할 수 있도록 모든 자에게 달란트를 주신다.

> 14 또 어떤 사람이 타국에 갈 때 그 종들을 불러 자기 소유를 맡김과 같으니 15 각각 그 재능대로 한 사람에게는 금 다섯 달란트를, 한 사람에게는 두 달란트를, 한 사람에게는 한 달란트를 주고 떠났더니 마 25:14-15

주님은 재능대로 달란트를 맡기셨다. 그렇다고 재능이 많고 달란트를 많이 받은 것만을 부러워할 필요는 없다. 주님은 많이 준 자에게 많은 것을 요구하시기 때문이다. 많은 재능이 있다는 것은 그만큼 큰 책임이 따른다는 말이다.

하나님은 모든 사람에게 재능이라는 선물을 주셨다. 이것은 믿음과 상관없이 모든 사람이 받은 복이다. 놀랍게도 세상 사람에게 주신 재능이 그리스도인인 우리에게 주신 것보다 더 넘칠 때가 있다.

하나님께서 하나님의 자녀뿐만이 아니라 모든 사람에게 재능을 선물로 주셨지만, 성경에는 믿는 자들에게 주시는 특별한 선물도 있다고 말한다. 그것은 하나님께서 성도에게 주시는 특별한 은사들이다. 우리는 이 재능과 은사를 통해서 하나님을 기쁘시게 하는 삶을 살아가야 한다. 그렇다면 재능과 은사를 선물로 주시는 하나님의 목적은 무엇인지 생각해봐야 한다. 하나님의 소명을 받은 자는 그 목적이 같다. 하지만 그 재능과 은사에 따라 삶의 방식과 목표는 달라진다.

> 23 모든 것이 가하나 모든 것이 유익한 것은 아니요 모든 것이 가하나 모든 것이 덕을 세우는 것은 아니니 24 누구든지 자기의 유익을 구하지 말고 남의 유익을 구하라 고전 10:23-24

재능을 활용할 직업을 생각하기 전에, 모든 재능은 우리 자신을 위해서 준 것이 아니라는 것을 깨닫는 것이 중요하다. 이것이 세상 사람과 믿는 사람의 가장 큰 차이다.

우리의 모든 재능은 자기의 유익이 아니라 남의 유익을 구하라고 주셨다. 즉 하나님이 주신 재능으로 다른 사람을 섬기라고 하시는 것이다. 그리스도인들에게 주신 재능은 모든 이를 유익하게 하기 위해서 사용되어야 한다. 따라서 우리가 행하는 모든 일의 기준은 단순히 옳고 그름을 넘어서서 덕을 세우고 남의 유익을 구하는 것이다.

³¹ 그런즉 너희가 먹든지 마시든지 무엇을 하든지 다 하나님의 영광을 위하여 하라 ³² 유대인에게나 헬라인에게나 하나님의 교회에나 거치는 자가 되지 말고 ³³ 나와 같이 모든 일에 모든 사람을 기쁘게 하여 자신의 유익을 구하지 아니하고 많은 사람의 유익을 구하여 그들로 구원을 받게 하라 고전 10:31–33

섬김의 궁극적인 목적은 하나님의 영광을 드러내는 것이다. 하나님이 보내신 곳에서 그리스도의 향기와 편지로서 하나님의 구원을 이루게 하는 것이 달란트를 주신 목적이다.

세상 사람은 그 재능을 자신의 영광과 자랑을 위해 사용한다. 그러나 우리는 하나님의 영광과 많은 사람의 유익을 위해 사용한다. 그래서 제대로 섬겨야 한다. 똑같이 재능을 주고, 똑같이 높은 자리에 가도, 세상 사람이 자기 영광, 자신의 유익만을 사랑한다면, 소명을 받은 사람은 섬김의 자세를 취해야 한다.

단, 섬기기 전에 하나님이 내게 주신 재능이 무엇인지를 알아야 한다. 재능이 없는 자가 섬기면 도리어 모든 사람을 힘들게 하기 때문이다.

좋아하는 것과 잘하는 것을 구분하라

달란트를 찾는 하나의 원칙이 있다. 좋아하는 것과 잘하는 것을 구분하라는 것이다. 대부분의 사람은 자신이 좋아하는 일을 하려고 한다. 청소년들에게 꿈이 무엇이냐고 물으면 '아이돌'이 유행이었다. 지금은 '유튜버'를 하겠다는 사람들이 넘쳐난다. 노래를 하든지, 유튜버를 하든지 먼저 점검할 것은 내가 하고자 하는 일에 상응하는 재능이 있느냐는 것이다.

재능은 하나님이 주신 것이다. 그래서 내가 좋아하는 것과 하나님이 주신 것을 구별해야 한다. 자신이 좋아하거나 싫어한다는 마인드로 달란트를 찾게 되면 잘못된 길로 가게 된다. 나를 기준으로 삼는 것 자체가 죄성이다. 나를 잘 살피고 하나님이 나를 어떻게 이끌어 가시는지 집중하면서, 말씀대로 다른 이의 유익을 생각하고 섬기고 하나님의 영광을 구할 수 있는 나의 달란트를 찾아야 한다.

때론 그것이 내가 싫어하는 일이 될 수도 있다. 나는 요리가 싫은데 요리하는 쪽으로 끌어가실 때도 있고, 나는 운동이 싫은데 운동하는 쪽으로 인생이 흘러갈 때도 있다. 나는 아이들이 싫은데 교사로 가게 될 때도 있다. 물론 내가 좋아하는 것과 하나님이 주시는 달란트가 같을 때도 있다. 그러나 내가 좋아하는 것은 취미로 해야 한다. 그리고 내가 잘하는 것으로 섬겨야 재능이 발휘된다.

내가 나의 재능을 찾았다면 그다음은 주신 재능을 극대화해야 한다. 아무리 재능을 주셔도 훈련하지 않는 재능은 쓸모가 없어진다. 재능은 훈련을 통해서만 극대화된다. 극대화한 재능만이 다른 이를 유익하게 하며 다른 이들을 제대로 섬길 수 있다. 그것이 소명자에게 하나님이 달란트를 주신 목적이며 그 목표를 이루어가는 것이 하나님의 뜻이다.

08

소명 받은 자의 중심은 사랑이다

여호와께서 사무엘에게 이르시되 그의 용모와 키를 보지 말라 내가 이미 그를 버렸노라 내가 보는 것은 사람과 같지 아니하니 사람은 외모를 보거니와 나 여호와는 중심을 보느니라 하시더 라 삼상 16:7

이 말씀은 하나님이 다윗을 선택할 때 말씀하신 소명 받는 자의 기준이다. 소명 받은 사람의 사역은 각 시대 속에서 맡겨진 일들이 각각 다르다. 그러나 그 중심은 언제나 한결같았다. 그리고 모든 소명자들의 타락은 그 중심이 틀어졌을 때부터 시작되었다. 소명 받은 사람의 중심에는 언제나 주님을 사랑하는 마음이 있어야 한다.

네가 나를 사랑하느냐

요한복음 21장은 요한복음의 마지막 장이자 복음서의 마지막 장이기도 하다. 그런데 그 마지막이 베드로의 회복으로 마무리되고 있다. 사실 요한복음을 자세히 읽어보면 20장 30-31절에 요한복음을 기록한 목적을 말함으로 끝을 맺는 것이 문맥상 더 좋아 보인다.

30 예수께서 제자들 앞에서 이 책에 기록되지 아니한 다른 표적도 많이 행하셨으나 31 오직 이것을 기록함은 너희로 예수께서 하나님의 아들 그리스도이심을 믿게 하려 함이요 또 너희로 믿고 그 이름을 힘입어 생명을 얻게 하려 함이니라 요 20:30-31

그런데 사도 요한은 21장 전체에 걸쳐서 베드로의 회복을 기록함으로써 복음서를 마무리하고 있다. 이것은 베드로의 회복을 통해서 알려야 할 중요한 메시지가 있기 때문이다.

복음서는 예수님께서 이 땅에 오신 이유와 사역을 기록한 책이다. 그 사역은 제자들을 통해서 주님이 다시 오실 때까지 이어져야 한다. 요한은 베드로를 필두로 주님의 사역을 이어갈 제자의 가장 중요한 중심이 무엇인지를 드러내고 있다. 최고의 절정은 요한복음 21장 15-17절까지의 말씀이다.

15 그들이 조반 먹은 후에 예수께서 시몬 베드로에게 이르시되 요한의 아들 시몬아 네가 이 사람들보다 나를 더 사랑하느냐 하시니 이르되 주님 그러하나이다 내가 주님을 사랑하는 줄 주님께서 아시나이다 이르시되 내 어린 양을 먹이라 하시고 16 또 두 번째 이르시되 요한의 아들 시몬아 네가 나를 사랑하느냐 하시니 이르되 주님 그러하나이다 내가 주님을 사랑하는 줄 주님께서 아시나이다 이르시되 내 양을 치라 하시고 17 세 번째 이르시되 요한의 아들 시몬아 네가 나를 사랑하느냐 하시니 주께서 세 번째 네가 나를 사랑하느냐 하시므로 베드로가 근심하여 이르되 주님 모든 것을 아시오매 내가 주님을 사랑하는 줄을 주님께서 아시나이다 예수께서 이르시되 내 양을 먹이라 요 21:15-17

예수님은 베드로에게 세 번에 걸쳐서 자신을 사랑하느냐고 질문함으로써 베드로를 회복시키고 마침내 "내 양을 먹이라"는 소명까지 주셨다. 사도 요한은 이 말씀을 하기 전의 상황을 먼저 자세히 기록하고 있다. 요한복음 21장은 베드로가 물고기를 잡으러 갔지만 밤새 고기를 잡지 못하고 날이 새어갈 때 주님이 오신 장면으로 시작한다.

이 장면은 예수님께서 베드로의 회복을 위해 베드로에게 처음 소명을 주실 때의 상황을 다시 한번 재현한 것이다. 예수님은 제자들에게 "그물을 배 오른편에 던지라!"고 말씀하셨다. 예수님의 말씀이 제자들에게 들렸고 말씀대로 그물을 던졌더니 정말 그물을 들 수 없을 정도로 물고기가 많이 잡혔다.

예수님께 사랑받는 제자 요한은 이 상황이 베드로가 밤새 물고기를 못 잡았을 때 예수님이 "깊은 데로 가서 그물을 내려 고기를 잡으라"(눅 5:4)고 하셨던 장면과 똑같다는 것을 깨닫고 베드로에게 "주님이시다!" 하고 외쳤다. 그러자 베드로는 너무 기쁜 나머지 배에서 뛰어내려 예수님께로 갔다. 육지에 올라보니 숯불이 있고 그 위에 생선이 놓여 있고 떡도 있었다. 그 숯불은 베드로가 대제사장의 뜰에서 불을 쬐다가 예수님을 부인했을 때 있던 그 '숯불'과 단어가 동일하다.

그러니까 사도 요한은 베드로가 다시 소명을 받기 전, 먼저 베드로의 처음 부르심의 시작과 제사장 뜰에서의 마지막 배반까지 모든 것을 기록하고 있다. 이것은 베드로가 처음 부르심을 받고 주님과 같이 살아온 모든 삶을 내포하는 것이다. 베드로의 삶은 소명을 받았지만 결국 예수님을 부인하는 것으로 끝났다.

이렇듯 예수님을 배신한 베드로가 회복되는 데는 주님의 이 질문이 정말 중요하다. 왜냐하면 베드로도 이 질문에 답하기만 했는데 회복하고 소명을 확인했기 때문이다.

이 질문은 예수님이 가장 중요하게 여기시는 것이 무엇인지를 알려준다. 예수님은 "요한의 아들 시몬아, 네가 나를 사랑하느냐?"라고 질문했다. 이 질문은 주님께서 베드로의 소명을 다시 회복시킬 때 가장 중요하게 여긴 것이 '사랑'이었음을 나타낸다. 베드로의 중심에 여전히 주님에 대한 사랑이 있는지 확인하기 위해서 "네가 이 사람들보다 나를 더 사랑하느냐?"라고 물은 것이다.

이 질문에 베드로는 "주님, 그렇습니다. 내가 주님을 사랑하는 것을 주님께서 아십니다"라고 답한다. 그러자 주님이 "내 양을 먹이라!"라고 말씀하셨고 베드로는 다시 사도로서 소명을 받는다.

이성과 합리를 넘어서 사랑으로

그러나 이 말씀을 현실의 삶에 적용해보면 쉽게 이해되지 않는다. 우리가 성경을 볼 때는 이해가 되어도 막상 우리의 현실에 성경을 적용하려고 하면 전혀 다른 이야기로 느껴진다. 왜냐하면 성경을 독자의 관점에서 이해하는 것과 삶의 관점에서 이해하는 것에 차이가 있기 때문이다. 이 차이가 성도의 삶을 추상적으로 만든다.

예를 들어 회사에서 누군가에게 중요한 임무를 맡길 때는 무엇보다도 그 일에 적합한 능력이 있는지 없는지를 확인하는 것이 가장 중요하다. 사장이 직원을 진급시킬 때도 회사에서 가장 성실히 업무를 감당한 사람을 선택해야 한다. 그런데 사장이 업무 능력과 상관없이 자신을 가장 사랑하는 사람을 진급시킨다면 모든 사람이 반대할 뿐만 아니라 회사가 어지러울 것이다. 마찬가지로 교회에서 담임목사가 교회 성도 가운데 장로의 직분을 맡기려고 할 때 "이중에서 나를 가장 사랑하는 사람이 누구입니까?"라고 묻고 "저입니다!"라고 대답한 성도에게 장로의 직분을 맡긴다면 우리는 그 선택을 이해하기 어려울 것이다.

그런데 예수님이 자신을 이어서 사역을 감당할 제자에게 다시 소명을 주면서 첫 번째로 확인한 것이 사랑이었다. 이를 토대로 생각하면 주님의 일을 감당하는 데 있어서 가장 중요한 것은 능력이 아니라 주님을 사랑하는 마음이다. 즉 하나님의 일은 주님을 사랑하는 마음이 없으면 감당할 수 없는 일이라는 뜻이다. 왜 그런가? 진정한 사랑은 모든 이해관계를 뛰어넘기 때문이다. 사랑은 인간의 모든 일을 상식적이면서도 상식을 넘어서게 하며, 합리적인 것을 넘어서면서도 합리적으로 만든다.

사랑하면 사람 사이에는 물질적, 양적 거리마저 사라진다. 내가 아내와 연애할 때 우리는 2시간이나 떨어진 거리에 살았다. 그런데 아내와 사귀면서 거리가 멀다고 생각해본 적이 없다. 어느 때는 집이 더 멀어도 상관없다고 생각한 적도 있었다. 사랑은 모든 합리적인 이해관계를 뛰어넘는다.

하나님의 일은 합리와 효율성만을 따지면 감당할 수 없다. 왜냐하면 우리는 시야가 좁아서 당장 눈앞에 있는 이익에만 집중하기 때문이다. 그러나 하나님의 역사하심은 우리의 안목과 실력을 넘어서기에 바로 알아볼 수 없다.

등산할 때 산 아래에서 정상으로 오르는 길을 찾으려고 해보라. 아무리 찾아도 보이지 않는다. 그런데 정상을 향해 조금씩 올라가다보면 그때서야 감춰진 길들이 보이기 시작한다. 우리의 시야는 올라간 만큼만 볼 수 있게 되어 있다. 그러니 감히 크고 넓으신 하나님의 시간대와 역사를 우리의 좁은 시야로 어떻게 담을 수 있을까?

하나님이 맡기신 일을 감당할 때 우리는 신앙과 현실이 충돌

하는 긴장 관계 속으로 들어간다. 내 눈에는 보이지 않고 비논리적인데도 믿음을 가지고 열심히 따라가야 하는 삶의 긴장 관계가 형성된다. 이때 가장 방해가 되는 것은 바로 나 자신의 안목과 생각이다. 이 긴장 관계 속에서 주어진 소명을 감당하려면 사랑밖에 답이 없다. 우리의 생각과 이해로는 불가능하고 오직 주님을 사랑할 때만 가능하다.

사랑을 힘써 지키라

세상 모든 이들은 자기중심적인 삶을 살아간다. 아무리 남을 배려한다고 해도 내가 극심한 손해를 보게 되면 배려할 수 없다. 우리는 우리 자신을 가장 아끼기 때문이다. 그런데 사랑이 들어가는 순간 모든 것이 역전된다. 빼앗겨도 기쁘고, 헌신하는데 감사하고, 못 줘서 안타깝고, 내 것을 주고 또 줘도 아깝지 않고, 항상 생각하고, 항상 그리워하고, 항상 좋은 것은 사랑밖에 없다.

내가 사람의 방언과 천사의 말을 할지라도 사랑이 없으면 소리 나는 구리와 울리는 꽹과리가 되고 고전 13:1

고린도전서 12장에서는 하나님께 많은 은사를 받음으로 말미암아 오히려 교회에 문제가 많아졌다고 한다. 그렇다! 사랑이 없는 은사와 능력은 문제를 일으킨다. 소리만 요란한 꽹과리가 된다. 그래서 사도 바울은 고린도전서 13장에 가장 큰 은사가 사랑임을 가르쳐주고 있다. 사랑만이 모든 것을 참으며 모든 것을 믿으며 모든 것을 바라며 모든 것을 견딘다고 하였다. 믿음, 소망, 사랑 중에 제일은 사랑이다.

그래서 주님은 소명 받은 자를 향하여 그 중심에 주님을 향한 사랑이 있는지를 가장 먼저 물으신 것이다. 따라서 소명 받은 자는 자신의 중심에 주님을 향한 사랑이 있는지를 항상 점검하고 사랑을 놓치지 않도록 힘써야 한다.

주님이 베드로에게 한 질문과 대답을 다시 한번 살펴보자. 주님은 베드로에게 "네가 이 사람들보다 나를 더 사랑하니?"라고 물으시고, 베드로는 "네 그렇습니다!"라고 대답했다. 사실 주위 제자들의 입장에서 보면 베드로의 대답은 받아들이기 힘든 것이다. 불과 얼마 전만 해도 "모두 주를 버릴지라도 나는 결코 버리지 않겠다"고 장담했던 그 베드로가 결국 주님을 배신했다.

물론 주님을 배신했음에도 불구하고 베드로에게 주님을 사랑하는 마음이 있다는 것은 이해할 수 있다. 그러나 다른 제자들보다 주님을 더 사랑한다고 말하는 것은 납득하기 어렵다. 사랑은 보이지 않고 측정해서 증명할 수 있는 것도 아니지만, 주님을 배신한 사람의 입에서 다른 사람들보다 더 주님을 사랑한다고 자신 있게 말하는 것은 염치가 없어 보인다.

그런데도 주님은 베드로에게 분명히 "네가 이 사람들보다 나를 더 사랑하느냐"라고 물으셨고, 베드로 또한 그렇다고 대답했다. 이 질문은 주님이 먼저 시작한 것이다. 그래서 우리는 이 질문을 깊이 생각해봐야 한다.

주님이 한 질문은 다른 제자들의 사랑과 베드로의 사랑을 비교해서 줄 세우는 그런 질문이 아니다. 주님은 주님을 향한 베드로의 사랑의 크기를 물으신 것이다. 베드로 자신이 다른 제자들보다 주님을 더 사랑하는지 베드로가 확실히 알지는 못해도, 실제 베드로는 주님을 향한 사랑만큼은 누구보다 뛰어나고 싶었다.

하나님이 "남국아, 네가 대한민국 목사 중에서 나를 가장 많이 사랑하느냐?"라고 물으신다면 사실 자신할 수는 없다. 그렇지만 내가 대한민국 목사 중에서 하나님을 가장 사랑하는 목사이고 싶은지 묻는다면 "그렇습니다"라고 말할 것이다.

비록 배신했고 부족하지만, 주님의 질문에 대한 베드로의 대답에는 이런 의미가 있는 것이다. "주님, 제가 주님을 가장 많이 사랑하는지는 모르지만, 주님을 누구보다 사랑하고 싶은 마음이 있습니다. 다른 제자들보다 더 많이 주님을 사랑하고 싶습니다"라는 고백이다. 그래서 주님이 "내 양을 먹이라"고 말씀하신 것이다.

소명 받은 자가 살아가면서 주님이 맡기신 일을 감당할 수 있는 유일한 힘은 주님을 사랑하는 마음에 있다. 그 마음으로 헌신하는 것이다. 물론 이 마음이 변함없이 항상 지속되지는 않는다. 그 마음을 빼앗길 때도 있다. 그래서 내 마음의 중심에 주님을 놓치지 않았는지를 계속 점검해야 한다.

사소한 일에 사랑을 뺏기지 마라

우리가 우리 마음에 주님을 놓치는 것은 베드로처럼 예수님을 공개적으로 부인하는 것만이 아니다. 오히려 아주 사소한 일에서부터 시작한다.

나는 스포츠를 정말 좋아한다. 배우고 집중할 때면 깊이 몰입한다. 볼링을 배울 때는 서 있는 기둥만 보아도 볼링 핀처럼 보였다. 한창 당구를 배울 때는 지하철에 사람 머리가 당구공으로 보였다. 무엇을 하나 배우면 실력이 안정될 때까지 온 마음을 쏟는 편이다.

물론 스포츠나 취미생활을 통해 여가를 즐기는 것이 잘못은 아니다. 무언가 배울 때 마음을 쏟는 것 역시 당연하다. 그러나 이런 사소한 것들이 삶의 중요한 것에 집중하는 마음을 빼앗아 무뎌지게 만든 경우가 있다.

어느 날 교회 청년과 이야기하다가 이성 교제가 잘 되고 있느냐고 물었다. 그랬더니 그 청년이 "어떻게 아셨어요?"라고 깜짝 놀라며 되물었다. 자신은 사람들 몰래 잘 만난다고 생각했는지 모른다. 하지만 얼마나 많이 드러났는지 모른다. 수시로 가까이 있고 사귀는 이성 친구가 오면 금세 얼굴이 밝아지는 것을 많이 봤기 때문이다.

이성 교제는 절대 잘못이 아니다. 사랑하는 사람에게 신경을 쓰는 것도, 함께 있고 싶은 것도 문제가 아니다. 오히려 사랑하는 사람에게 관심을 가지며 친절하게 섬겨야 하는 것이 맞다.

그러나 우리의 마음을 빼앗는 일이 큰일과 중요한 일에서만 일어나지는 않는다. 우리가 일상 속에서 깨어 있지 못하면 이런 사소한 것 속에서도 조금씩 주님을 향한 사랑의 마음이 멀어질 수 있다. 사랑이 사라지면 아무리 소명이 맡겨졌어도 배신하게 된다.

주님이 베드로에게 "이 사람들보다 나를 더 사랑하느냐?"라고 질문하실 때는 단순하게 마음을 떠보는 것이 아니다. 주님이 먼저 베드로를 사랑하셨기 때문에 베드로의 중심을 더 단단하게 하기 위해서 물으신 것이다. "베드로야, 나는 너를 진짜 사랑한다. 난 너도 나를 많이 사랑했으면 좋겠어. 내가 너를 사랑해서 너에게 왔듯이 너도 어떤 일을 할 때 나를 사랑해서 했으면 좋겠구나" 하는 마음이다. 결국 사랑의 크기가 열심의 크기요 헌신의 크기를 만들어낸다.

나는 청년 때 주일예배를 드리기 위해 월요일부터 토요일까지 집에서 열심히 봉사했다. 집안일을 열심히 돕고 청소하고 밤늦게 심부름을 시켜도 불평하지 않았다. 그렇지만 주일에 무슨 일을 시키면 그때는 분명히 말했다. "나 지금 교회에 예배드리러 가야 해, 6일 동안 열심히 했으니까 오늘은 교회에서 내 시간을 보낼 거야!" 내가 이렇게 말하면 아무도 말할 수가 없었다. 평일에 내가 얼마나 열심히 봉사했는지 잘 알기 때문이다.

내가 그렇게 열심히 한 이유는 주일에 교회에 가서 예배드리고 봉사하고 싶어서였다. 내가 중심으로 하나님을 사랑하면 열심과 충성이 저절로 나온다. 그래서 소명 받은 사람들은 자신의 중심에 주님을 더 사랑하는 마음이 있는지를 점검해야 한다. 이 중심이 하나님 앞에 고백되지 않으면 소명의 삶은 시작될 수 없다.

삶의 목적이 분명하다

소명 받은 자의 중심이 하나님을 사랑하는 마음이라면 그것은 삶의 태도와 자세로 나오게 되어 있다. 우리의 신앙의 삶은 입술의 고백이 아니다. 주님의 일을 한다고 모두가 소명을 깨달은 것도 아니고 소명의 삶을 사는 것도 아니다. 그러나 분명한 것은 소명의 삶을 살아간다면 그의 삶은 분명히 이전과 다를 수밖에 없다. 왜냐하면 그들의 삶의 목적과 방법이 달라지기 때문이다.

첫째, 소명의 삶을 살아가는 사람은 삶의 목적이 분명하다.

13 형제들아 나는 아직 내가 잡은 줄로 여기지 아니하고 오직 한 일 즉 뒤에 있는 것은 잊어버리고 앞에 있는 것을 잡으려고

14 푯대를 향하여 그리스도 예수 안에서 하나님이 위에서 부르신 부름의 상을 위하여 달려가노라 빌 3:13-14

사도 바울은 주님을 만난 후에 인생의 목적이 바뀌었다. 하나님을 위해서 부르신 부름의 상을 바라보고 그 푯대를 향해 전력 질주한다고 고백하고 있다.

소명은 어떤 일이나 직업이 아니다. 소명을 받으면 삶의 목적이 분명해지고 하나님이 주실 상만을 바라보게 된다. 그들에게 중요한 것은 이 땅에서의 인정이 아니라 하나님 앞에서의 상이기 때문이다. 그래서 이들은 어떤 일이나 직업을 중요시하지 않는다. 더 중요한 것은 무엇을 하든지, 무엇을 먹든지, 주님을 위해서 하는 것이다.

7 우리 중에 누구든지 자기를 위하여 사는 자가 없고 자기를 위하여 죽는 자도 없도다 8 우리가 살아도 주를 위하여 살고 죽어도 주를 위하여 죽나니 그러므로 사나 죽으나 우리가 주의 것이로다 롬 14:7-8

자신의 인생 속에서 목적과 목표가 바뀌는 것을 가리켜 '소명의 인식'이 시작되었다고 한다. 목적이 최종 단계라면 목표는 그 목적을 향해 가는 중간 푯대라고 할 수 있다. 그래서 자신의 인생 속에서 목적과 목표가 바뀔 때 소명의 삶의 문이 열리기 시작하는 것이다.

하나님 안에서 삶의 목적과 목표가 바뀐 자들은 기도하기 시작한다. 자신의 안목과 생각으로 섣불리 결정하지 않는다. 직장을 선택할 때도, 연애할 때도 무엇을 하든지 기도하고 하나님의 뜻을 묻고 따라간다. 자신의 유익을 구하거나 따르지 않는다. 하나님의 유익과 다른 사람들의 유익을 보게 되는 것이다.

이들은 하나님이 주시는 은혜와 풍요로움을 맛보게 된다. 그리스도인의 모든 소명은 동일하다. 왕이신 하나님을 높이며 살아가는 것이다. 그래서 세상 사람들이 우리를 이해할 수 없는 것이다. 세상 사람은 모두 자신의 유익과 평안을 목적으로 살아가기 때문이다.

자존심보다 소명이 중요하다

소명 받은 사람도 실수할 때가 있고 세상을 바라볼 때도 있다. 그럴 때 다시 주님 앞에 자세와 태도를 바르게 하고 부르심을 좇아가는 싸움을 해야 한다. 초대교회 당시 사도 바울과 베드로의 유명한 일화가 있다.

> 11 게바가 안디옥에 이르렀을 때에 책망 받을 일이 있기로 내가 그를 대면하여 책망하였노라 12 야고보에게서 온 어떤 이들이 이르기 전에 게바가 이방인과 함께 먹다가 그들이 오매 그가 할례자들을 두려워하여 떠나 물러가매 13 남은 유대인들도 그와 같이 외식하므로 바나바도 그들의 외식에 유혹되었느니라 14 그러므로 나는 그들이 복음의 진리를 따라 바르게 행하지 아니함을 보고 모든 자 앞에서 게바에게 이르되 네가 유대인으로서 이방인을 따르고 유대인답게 살지 아니하면서 어찌하여 억지로 이방인을 유대인답게 살게 하려느냐 하였노라 갈 2:11-14

베드로가 안디옥 교회에 방문했을 때 이방인들과 함께 먹다가 야고보가 보낸 사람들, 즉 할례자들을 두려워하여 그 자리를 떠나는 일이 있었다. 이로써 다른 유대인들과 바나바까지 휩쓸려 외식을 하고 말았다. 이때 사도 바울이 가차 없이 당시 초대교회의 수장이었던 베드로의 외식을 책망했다.

그런데 이 책망을 받은 베드로는 자신의 잘못을 인정한다.

이것이 예수님이 베드로를 사랑하는 이유이고 예수님의 수제자로 인정받은 이유이다. 베드로는 실수도 많이 하지만 항상 주님 앞에서 부르심을 받은 자의 태도와 자세를 잊지 않았다. 만약 베드로가 자존심이 상해서 사도 바울을 공격하거나 감정에 휘말렸다면 교회는 분열되고 말았을 것이다. 우리의 목적은 하나이다. 누군가의 지적이 목적과 진리에 부합한다면, 고쳐서 나가면 된다. 오직 푯대를 향하여 위에서 부르신 부름의 상을 바라보고 달려가는 것이다.

비교의식을 버려야 한다

둘째, 소명의 삶을 사는 자는 비교하지 않는다. 소명을 받은 모든 그리스도인들은 경쟁자가 아니다. 하나님의 뜻대로 부르심을 입은 자들에게는 모든 것이 합력하여 선을 이룬다. 마치 축구 경기에 한 팀으로 참가할 때 어떤 이들은 공격수이고 다른 이들은 수비수인 것과 같다. 모두 자신의 위치에서 최선을 다해야 승리할 수 있다. 같은 팀끼리 비교하거나 싸운다면 그 팀은 결코 승리할 수 없을 것이다. 주님은 한 시대 속에 여러 장소에 하나님의 사람들을 보내셨다. 그리고 각자 자신의 위치에서 부르신 소명의 삶을 감당하게 하셨다.

18 내가 진실로 진실로 네게 이르노니 네가 젊어서는 스스로 띠 띠고 원하는 곳으로 다녔거니와 늙어서는 네 팔을 벌리리니 남이 네게 띠 띠우고 원하지 아니하는 곳으로 데려가리라 19 이 말씀을 하심은 베드로가 어떠한 죽음으로 하나님께 영광을 돌릴 것을 가리키심이러라 이 말씀을 하시고 베드로에게 이르시되 나를 따르라 하시니 20 베드로가 돌이켜 예수께서 사랑하시는 그 제자가 따르는 것을 보니 그는 만찬석에서 예수의 품에 의지하여 주님 주님을 파는 자가 누구오니이까 묻던 자더라 21 이에 베드로가 그를 보고 예수께 여짜오되 주님 이 사람은 어떻게 되겠사옵나이까 22 예수께서 이르시되 내가 올 때까지 그를 머물게 하고자 할지라도 네게 무슨 상관이냐 너는 나를 따르라 하시더라 요21:18-22

예수님은 베드로가 소명을 회복한 후에 그가 앞으로 어떤 죽음으로 영광을 돌리게 될지 말씀하셨다. 그러자 베드로는 사도 요한의 삶이 궁금해져서 그의 삶에 대해서 질문했다. 그러자 예수님은 사도 요한에게 어떤 삶이 주어지든지 관심을 끄라고 말씀하셨다. 베드로는 베드로 자신에게 맡겨진 소명의 삶에 집중해야 하는 것이었다.

사도 요한의 삶은 다른 소명의 삶이었다. 사도 요한이 요한복음을 쓸 때는 같이 부르심을 입은 사도들이 대부분 순교하고 자신만 남았을 때이다. 노년의 사도 요한은 아마 혼자 남은 외로움이 컸을 것이다. 그러나 그에게는 세상과 싸워야 할 부르심이 아직 남아 있었다.

아마 사도 요한은 요한복음을 쓰면서 주님이 하신 말씀을 다시 한번 되새겼을 것이다. 다른 사도들이 먼저 천국에 간 것은 자신과 상관없는 일이었다. 그리고 밧모섬에 유배되었을 때도 요한계시록을 기록하면서 끝까지 맡겨진 일에 최선을 다했다.

부르심을 입은 자는 다른 사람의 부르심과 비교하면 안 된다. 오직 주님만 보고 따라가야 간다. 그런데 우리는 계속해서 서로 비교하고, 서로 시기하며 스스로 무너져갈 때가 있다. 그 비교가 타락을 만들어낸다. 죄의 처음 시작이 비교를 통해 들어왔다는 것을 기억하라. 비교하기 시작하면 삶의 태도와 자세가 틀어지게 되어 있다.

너희가 그것을 먹는 날에는 너희 눈이 밝아져 하나님과 같이 되

어 선악을 알 줄 하나님이 아심이니라 창 3:5

창세기 3장에서 사탄이 아담과 하와를 유혹할 때 한 말은 동산 중앙에 있는 나무의 열매를 먹으면 눈이 밝아져 하나님과 같이 되리라는 것이었다. 그때 아담과 하와가 비교할 수 있는 대상은 오직 하나님밖에 없었다. 비교하게 되면 시기와 부러움과 탐욕이 들어온다. 우리가 집중해야 할 목적과 자신의 소명이 흔들려버린다.

내 눈에 작아 보이고 가치 없어 보여도 자신에게 맡겨진 일에 충실해야 한다. 남을 바라보지도, 부러워하지도, 비교하지도 말아야 한다. 바로 지금 이 자리가 주님이 나에게 부탁하신 곳임을 귀하게 여기고 잘 감당하는 소명의 삶을 살아야 한다.

하나님을 두려워하므로 거룩을 낳으라

셋째, 소명 받은 자는 하나님을 두려워한다. 통치자들이 국민을 통제하는 방법 중에 종종 등장하는 것이 공포를 통한 정치이다. 공포는 사람에게 즉각 통하는 방법이기 때문이다. 공포는 두려움을 낳고 두려움은 상대를 쉽게 자신의 뜻대로 통제할 수 있게 한다.

실제로 많은 사람들이 자신이 두려워하는 것을 피하고 살길을 찾는다. 현재 우리나라 학생들은 대부분 학원에 다니고 있다. 학부모들은 공부를 보충하기 위해서 아이들을 학원에 보내기도 하지만, 안 보내면 내 아이가 다른 아이보다 뒤처질지도 모른다는 두려움 때문에 보내기도 한다. 결국 내가 두려워하는 그것이 우리 삶에 나타난다.

몸은 죽여도 영혼은 능히 죽이지 못하는 자들을 두려워하지 말고 오직 몸과 영혼을 능히 지옥에 멸하실 수 있는 이를 두려워하라 마 10:28

예수님께서도 세상을 두려워하지 말라고 말씀하신다. 그리고 세상과 영혼까지 심판하시는 하나님을 두려워하라고 말씀하셨다. 나는 매주 목요일마다 마커스 워십의 경배와 찬양 집회에 가서 설교한다. 한번은 일찍 가서 교회 근처에서 식사하고 시간에 맞춰서 교회로 걸어가고 있었다. 많은 예배자들이 알아보고 인사하는데, 같이 식사하고 올라가던 후배 목사가 나를 쳐다봤다. 그리고 "형님, 정말 타락하시면 안 돼요. 제가 타락하면 몇십 명 상처받지만, 형님이 타락하면 수많은 청년들이 상처받아요"라고 말하는 것이다.

나는 목회자의 길을 가면서 두려운 것이 있다. 목사로서 분별력을 잃고 타락하는 것이 두렵다. 나는 위대한 일을 이루고 싶은 것이 아니라 목사로서 하나님이 주신 일을 잘 감당하고 은퇴하기를 바라고 있다. 나의 욕심과 분별력 없는 행동으로 주님을 욕 먹일까 두렵다. 그래서 교회 성도들에게 날마다 나를 위해서 짧게라도 기도해달라고 부탁한다.

"주님, 오늘 우리 목사님이 하나님을 경외하고 두려워하도록 해주세요."

하나님을 두려워하면 혹시 딴 길로 갔더라도 돌아올 것이다. 하나님의 마음에 합한 사람 다윗도 끔찍한 죄를 범했지만, 하나님을 두려워했기 때문에 다시 돌아올 수 있었다.

소명 받은 자가 타락할 때는 하나님을 향한 두려움이 사라질 때이다. 그 사람이 바로 이스라엘의 첫 번째 왕 사울이었다. 하나님을 향한 두려움이 사라지면서 세상의 두려움만 보인다. 하나님을 향해서는 변명과 원망만 하게 되었다.

하나님을 두려워한다는 것은 벌벌 떨면서 무서워하는 공포를 말하는 것이 아니다. 하나님 앞에서 살아가는 것을 말한다.

거룩하신 하나님 앞에 살아가기 때문에 두려운 것이고 하나님을 경외하는 것이다. 이들은 어떤 상황 속에서도 하나님 앞에서 살기를 애쓴다. 비록 그것으로 말미암아 어려움을 겪을지라도 기꺼이 그 대가를 치른다. 세상이 주는 환난보다 하나님 앞에 죄짓는 것을 더 두려워하기 때문이다.

> 7 그 후에 그의 주인의 아내가 요셉에게 눈짓하다가 동침하기를 청하니 8 요셉이 거절하며 자기 주인의 아내에게 이르되 내 주인이 집안의 모든 소유를 간섭하지 아니하고 다 내 손에 위탁하였으니 9 이 집에는 나보다 큰 이가 없으며 주인이 아무것도 내게 금하지 아니하였어도 금한 것은 당신뿐이니 당신은 그의 아내임이라 그런즉 내가 어찌 이 큰 악을 행하여 하나님께 죄를 지으리이까 창 39:7-9

요셉은 17세에 애굽 보디발의 집에 팔린다. 노예살이로 시작해서 어렵게 가정 총무가 되었는데 보디발의 아내가 유혹하기 시작했다. 요셉이 보디발의 아내를 거절하는 것은 단순히 윤리적인 것을 넘어선다. 요셉은 "내가 어찌 이 큰 악을 행하여 하나님께 죄를 지으리이까"라고 고백한다. 요셉은 하나님을 두려워했고 하나님께 죄짓기보다는 기꺼이 어려움을 겪기로 작정한다.

소명 받은 자들은 하나님을 향한 두려움이 있어야 한다. 내가 하나님의 일을 망칠 수 있다는 두려움, 나 때문에 하나님의 영광이 가려질 수 있다는 두려움이 있어야 한다. 세상의 두려움은 공포를 낳지만, 하나님을 향한 두려움은 '거룩'을 낳는다. 그래서 소명의 삶을 인식한 자들의 삶의 태도에는 하나님을 향한 거룩한 두려움이 있다. 이 두려움이 사라지는 순간 타락의 문이 열리기 시작한다.

PART 3

하나님의 선택을 받은 자

09

세상으로 보냄을 받은 소명자들

제자훈련을 하면 꼭 하는 질문이 있다. 바로 "당신은 사역자입니까? 아닙니까?"이다. 질문을 들은 성도들은 의아해한다. 흔히 사역자라고 하면 목사, 선교사, 예배인도자와 같이 특별한 일을 하는 사람이라고 생각하기 때문이다.

그러나 사역이란 어떤 종교적 직업을 말하는 것이 아니다. 하나님의 일이 맡겨진 것, 그 일을 하는 사람이 곧 사역자이다. 부모는 하나님이 가정을 맡긴 사역자이다. 사무엘의 어머니 한나 역시 사역자로서 타락한 시대에 사무엘을 하나님의 자녀답게 키워냈다. 또 가정사역에 최선을 다했고 그로 말미암아 이스라엘에 회복의 역사를 만들어냈다.

우리의 직장도 사역지이다. 세상 사람들은 자신의 필요와 유익을 위해서 돈을 벌고 살아간다. 그러나 우리는 돈이 인생의 목적이 아니다. 비록 세상 사람들처럼 직장을 가지고 돈을 벌지만, 우리는 세상에 보냄을 받은 사역자들이다. 따라서 부르신 자리에서 각자 사역자의 삶을 살면서 다른 목적과 가치를 따른다.

불평할 곳에서 기도하고 원망할 곳에서 순종한다. 이들은 세상의 문화와 풍조를 따르지 않는다. 하나님 앞에서 지켜야 할 것들에 대해서는 단호하며, 자신에게 주어진 삶에서 최선을 다한다. 성경은 이런 사람을 가리켜 '세상이 감당할 수 없는 사람'이라고 말한다.

세상이 감당할 수 없는 소명자

31 믿음으로 기생 라합은 정탐꾼을 평안히 영접하였으므로 순종하지 아니한 자와 함께 멸망하지 아니하였도다 32 내가 무슨 말을 더 하리요 기드온, 바락, 삼손, 입다, 다윗 및 사무엘과 선지자들의 일을 말하려면 내게 시간이 부족하리로다 33 그들은 믿음으로 나라들을 이기기도 하며 의를 행하기도 하며 약속을 받기도 하며 사자들의 입을 막기도 하며 34 불의 세력을 멸하기도 하며 칼날을 피하기도 하며 연약한 가운데서 강하게 되기도 하며 전쟁에 용감하게 되어 이방 사람들의 진을 물리치기도

하며 35 여자들은 자기의 죽은 자들을 부활로 받아들이기도 하며 또 어떤 이들은 더 좋은 부활을 얻고자 하여 심한 고문을 받되 구차히 풀려나기를 원하지 아니하였으며 36 또 어떤 이들은 조롱과 채찍질뿐 아니라 결박과 옥에 갇히는 시련도 받았으며 37 돌로 치는 것과 톱으로 켜는 것과 시험과 칼로 죽임을 당하고 양과 염소의 가죽을 입고 유리하여 궁핍과 환난과 학대를 받았으니 38 (이런 사람은 세상이 감당하지 못하느니라) 그들이 광야와 산과 동굴과 토굴에 유리하였느니라 39 이 사람들은 다 믿음으로 말미암아 증거를 받았으나 약속된 것을 받지 못하였으니 40 이는 하나님이 우리를 위하여 더 좋은 것을 예비하셨은즉 우리가 아니면 그들로 온전함을 이루지 못하게 하려 하심이라

히 11:31-40

흔히 히브리서 11장을 믿음장이라고 한다. 초반부에는 믿음을 지켜간 믿음의 기라성 같은 인물들이 수없이 나열된다. 그러나 후반부에는 이름을 알 수 없는 '어떤 이들'이 나온다.

이름도 알 수 없는 이 믿음의 선진들은 세상의 끔찍한 핍박과 환난 속에서도 믿음을 지켜낸 자들이다. 다시 말하면 자신의 소명을 끝까지 감당하며 살아간 자들이다. 성경은 이런 자들을

세상이 감당하지 못한다고 말씀한다.

　소명 받고 살아가는 자들은 약한 자들이 아니다. 세상 사람의 눈으로 볼 때는 권력도 없고 힘도 없는 나약한 사람처럼 보일지도 모른다. 그러나 세상 권세와 유혹으로 끌려가지 않는 강한 믿음의 사람들이다. 소명의 삶을 감당하는 자들은 세상을 거슬러 가는 자들이기 때문이다.

　1 이러므로 우리에게 구름 같이 둘러싼 허다한 증인들이 있으니 모든 무거운 것과 얽매이기 쉬운 죄를 벗어 버리고 인내로써 우리 앞에 당한 경주를 하며 2 믿음의 주요 또 온전하게 하시는 이인 예수를 바라보자 그는 그 앞에 있는 기쁨을 위하여 십자가를 참으사 부끄러움을 개의치 아니하시더니 하나님 보좌 우편에 앉으셨느니라 히 12:1-2

　히브리서 11장이 끝나고 12장에서는 "믿음의 주요 또 온전하게 하시는 예수를 바라보자"라는 말씀이 나온다. 11장에 나온 자들이 어떻게 세상이 감당하지 못하는 자들로서 살 수 있었는지를 알려주는 것이다. 이들은 오직 예수만 바라보면서 맡겨진 자리에서 책임을 다하며 살아간 것이다.

세상이 감당할 수 없는 소명자들은 그냥 만들어지지 않는다. 믿음은 어느 날 갑자기 생기는 것이 아니다. 그래서 하나님은 처음부터 굉장한 소명을 허락하지 않는다. 오늘 나에게 준 소명을 충실히 감당할 때 더 큰 소명의 삶으로 나아갈 수 있다. 그래서 소명은 나에게 주어진 내 가정, 직장, 교회, 사회에서부터 시작한다. 보내심을 받은 그 장소에서부터 세상이 감당하지 못하는 믿음의 훈련을 해야 한다.

영적 백수의 시간

모든 그리스도인에게는 소명을 준비하는 시간과 쓰임 받는 시간밖에 없다. 문제는 준비하는 시간을 지날 때는 내가 가치 없어 보일 때가 있다는 것이다. 그러나 하나님이 주신 시간에는 가치 없는 시간이 없다는 것을 알아야 한다.

준비하는 시간은 영적 백수의 시간이라고 할 수 있다. 요셉이 보디발의 집에서 노예로 살았을 때와 억울하게 감옥에서 시간을 보낼 때, 모세가 미디안 광야 40년을 살아갈 때가 영적 백수의 시간이었다. 그 시간을 성실히 준비하는 자가 하나님의 타이밍에 제대로 쓰임 받게 된다. 이 시간을 잘 준비하지 못하면

죽을 때까지 진짜 백수에 머물러 있게 된다.

하나님이 우리를 인도하실 때 우리 눈에 내일이 보이지 않는 시간을 보내게 하실 때가 있다. 이때를 '광야'라고 한다. 그런데 광야에는 특징이 있다. 흙먼지가 날리고 풀이 자라지 않아 버려진 땅 같아 보이지만 비가 오면 완전히 달라진다. 광야는 비가 내리면 풀이 자라고 생명이 살아난다. 그 광야의 시간을 주님도 보내셨다. 우리도 이 시간을 잘 보내야 한다.

광야의 시간에 주님을 배우고 준비하고 때를 기다려야 한다. 나태해도 안 되지만 조급해서도 안 된다. 내가 계획하고 준비하는 모든 일이 생각대로 잘 이루어지지 않고, 잘되지 않아도 자책하거나 죄책감을 가지면 안 된다. 이 시간은 나의 힘을 빼고 주님을 붙잡는 데 온 힘을 집중하는 법을 배우는 시간이다. 절대로 자신의 판단으로 평가하지 말라. 광야는 답답하고 끝이 보이지 않는 곳이지만 이 광야의 삶을 배운 자는 세상이 감당할 수 없는 사람으로 빚어진다.

매일 주어지는 최고의 선물

나는 청년 시절, 사는 것이 너무 힘들어서 내일 눈떴을 때 천국에 있으면 좋겠다고 기도하며 잠들었던 적이 있다. 그런데 눈을 뜨면 여전히 입김이 나오고 찬 바람이 부는 아침이 시작되곤 했다. 너무 힘들고 앞날이 깜깜했지만 그렇다고 삶을 포기할 수는 없었다. 예수님을 만났고 순종하며 살기로 약속했기 때문이다. 그러나 신앙고백이 있다고 해서 결코 삶이 편하거나 좋아지지는 않았다. 주어진 삶이었기에 어쩔 수 없이 하루하루를 버티며 살았을 뿐이었다.

스스로 목숨을 끊는 자살에 부정적인 측면이 여러 가지가 있지만, 그중에 하나는 주님이 역사할 시간을 본인 스스로 멈추게 했다는 것이다. 내가 오늘 아주 끔찍한 삶을 산다고 해도 버틸 수 있는 것은 나의 미래가 주님 손에 있다는 것을 믿기 때문이다. 만일 내가 어려운 시절에 삶을 포기했다면 아무것도 이루지 못하고 하나님 앞에 섰을 것이다. 그리고 나의 마지막이 주님께 순종한 삶이 아니라 스스로 결정한 삶이었을 것이다. 생각만 해도 끔찍하다.

아프리카 선교의 아버지라고 불리는 데이비드 리빙스턴 선교사는 "사명자는 사명이 다할 때까지 결코 죽지 않는다"라고 말했다. 하나님께서 오늘 나의 눈을 뜨게 한다는 것은 내가 오늘 이루어야 할 사명이 있다는 말이다. 그 소명은 바로 오늘 하

루 주님과 함께 살 때 나타난다. 또한 오늘을 버티고 살았기에
그 선물이 무엇인지를 확증할 수 있다.

그런데 오늘 하루가 우리 인생의 최고 선물인 또 다른 이유
가 있다.

> 42 이르되 예수여 당신의 나라에 임하실 때에 나를 기억하소서
> 하니 43 예수께서 이르시되 내가 진실로 네게 이르노니 오늘 네
> 가 나와 함께 낙원에 있으리라 하시니라 눅 23:42-43

예수님의 십자가 옆에 달린 흉악한 강도가 예수님께 이렇게
고백했을 때 주님은 그를 낙원으로 초청하셨다. 흉악한 강도는
오늘까지 하나님과 전혀 상관없이 악하게 살아왔다. 그는 죽는
날까지도 흉악범이었다. 그러나 예수님의 십자가 옆에서 주님
을 붙잡는 순간 모든 것이 역전되어버렸다. "오늘 네가 나와 함
께 낙원에 있으리라"라는 예수님의 말씀을 들은 것이다.

흉악한 강도는 오늘 인생 최고의 기회를 잡은 것이다. 물론
똑같은 상황에서 반대로 이 기회를 잃어버린 다른 편 강도도 있
었다. 그렇기에 하나님이 주신 오늘 하루는 지금까지의 삶을 바
꿀 수 있는 최고의 기회이자 선물인 것이다.

오늘이란 선물을 잃지 마라

청년 시절 교회학교 교사로 12년을 봉사했다. 나는 열심을 넘어 특심으로 정말 열심히 봉사했다. 하루는 교회 근처에 있는 친구 집을 향해 가고 있는데, 저 멀리서 교회 후배가 오고 있었다. 같이 교회학교 교사로 초등학교 5-6학년을 섬기는 후배였다.

그런데 후배와의 거리가 점점 가까워지자 그가 담배를 피우면서 가고 있는 것이 보였다. 교회 근처는 우리가 가르치는 초등학생들이 많이 살고 있었다. 나는 그 후배를 보았는데 그는 미처 나를 보지 못하고 오고 있었다. 그 당시 나는 교회에서 후배들에게 무서운 선배였다. 청년 수련회에 가서 담배를 피우거나 술을 마시면 가만두지 않았다. 후배들도 내 눈치를 많이 봤다.

너무 화가 나서 그 후배를 향해 가는데 마음속에 주님의 음성이 들렸다. "남국아, 스톱. 그 아이를 나무라지 마라." 그때 나는 속으로 반문했다. "주님! 교회 근처에서 학생들이 볼 수 있는데 교사가 저러면 안 되잖아요?" 그러자 주님은 나를 타이르듯 말씀하셨다. "남국아, 지금 저 아이가 그의 인생 속에서 가장 안 좋은 때를 산다면, 그때를 기준으로 그를 판단한다면 그 판단이 옳은 것이냐? 틀린 것이냐?" 이 물음에 나는 "틀린 것입니다"라고 답했고 주님의 마음을 알게 되는 음성을 들었다. "나는 저 아이의 인생 전체를 보고 있다. 나무라지 말고 기도해줘라. 오늘, 네 눈에 뜨인 것은 기도해주라는 것이지 판단하라는 것이 아니야!"

그 후로 나는 후배가 알지 못하게 은밀히 기도하기 시작했다. 그날의 경험은 내 신앙생활에 중요한 기준이 되었다. 물론 그렇다고 모든 잘못을 다 넘어가지는 않는다. 그러나 쉽게 판단하고 결정짓지도 않는다. 주님이 주신 시간의 기회가 아직 그에게 있다면 회복할 수 있는 선물을 받은 것이다.

> 3 사울이 길을 가다가 다메섹에 가까이 이르더니 홀연히 하늘로부터 빛이 그를 둘러 비추는지라 4 땅에 엎드러져 들으매 소리가 있어 이르시되 사울아 사울아 네가 어찌하여 나를 박해하느냐 하시거늘 5 대답하되 주여 누구시니이까 이르시되 나는 네가 박해하는 예수라 행 9:3-5

예수님의 제자들을 핍박하는 데 누구보다 열심인 사울이 다메섹을 향해 가다가 주님을 만난다. 그리고 예수님의 말씀 앞에

굴복한 순간 그의 삶은 바울로 역전되기 시작했다.

이렇게 하나님이 우리에게 주시는 하루는 매우 중요하다. 오늘이라는 선물 속에 주님을 향한 삶의 태도를 바꾼다면 하나님이 부르시는 길로 가는 것이다. 그래서 세례 요한이 "회개하라 천국이 가까웠다!"라고 외친 것이다. 회개는 180도 삶의 방향을 돌이키는 것이다. 프란시스 쉐퍼는 "회개는 삶을 돌이킨 의지다"라고 말했다.

살다가 잘못했더라도, 오늘 하루 다시 눈을 뜬다면, '오늘 나는 하나님으로부터 또 한 번의 선물과 기회를 얻었다'는 것을 알아야 한다. 이 선물을 잃지 말아야 한다. 오늘 당신이 살아 있다면 당신은 하나님으로부터 인생 최고의 선물을 받은 것이다. 지금껏 잘못 살았다 해도 당신은 오늘 다시 역전할 수 있는 최고의 기회를 얻은 것이다. 따라서 소명은 어떤 일이기 이전에 내가 존재한다는 그 자체임을 알아야 한다.

10

평범한 것이 위대하다

많은 사람이 소명을 이해하기 어려워하는 이유는 우리의 잘
못된 생각과 하나님이 주신 것에 대한 이해가 부족하기 때문이
다. 소명은 하나님이 주셔서 위대하지만, 실제 우리의 삶은 그
렇게 대단해 보이지 않는다. 그래서 소명이 대단한 일을 하는
것이라고 착각한다.

그러나 실제로 믿음의 선진들은 대단한 일을 하려고 애쓰지
않았다. 하나님의 부르심 앞에 하루하루를 충성스럽게 산 자들
이다. 아브라함은 하나님의 뜻에 따라 이삭을 바치러 모리아산
으로 갔다. 그런데 하나님은 이 모리아산에 솔로몬을 통해 성전
을 지으시고 거기서 예수님의 십자가 구원을 완성하셨다. 아브
라함은 자신에게 주어진 삶을 순종하며 살아갔을 뿐인데 하나
님은 그것을 통해 위대한 일을 이루신 것이다.

그런데 우리는 성경을 통해서 하나님이 하신 위대한 일들을
보고 안다. 그래서 어떨 때는 소명의 삶이 오늘의 순종이라기보

다는 위대한 업적이나 일을 이루는 것으로 착각할 때가 있다. 다시 말하지만, 소명의 삶은 위대한 일이 아니다. 자신에게 주어진 삶을 믿음으로 살아내는 것이다.

꼭 기억하라. 하나님이 소명을 우리 속에서 이루시는 방법은 평범한 것을 통해서다. 소명은 작은 것을 통해 큰 것을 보게 되는 것이다. 그러기 위해서는 "첫째, 작아 보여도, 둘째, 보이지 않아도, 그리고 마지막으로 가치 없어 보여도 소명이다"라는 이 세 가지 법칙을 꼭 기억하기 바란다.

작아 보여도 관심을 가져라

그 주인이 이르되 잘하였도다 착하고 충성된 종아 네가 적은 일에 충성하였으매 내가 많은 것을 네게 맡기리니 네 주인의 즐거움에 참여할지어다 하고 마 25:21

우리가 살아가는 일의 대부분은 위대한 일이 아니라 작은 일들이다. 우리에게 주어진 삶은 드라마틱하지 않다. 매일 비슷한 삶을 반복적으로 살아간다. 그래서 어떨 때는 우리의 일상의 일이 대단해 보이지 않는다. 그런데 하나님은 그 속에서 우리를 보고 계시고 일하고 계신다.

청년 때 교회학교 교사로 12년 동안 가르치며 봉사했다. 처음에는 서무교사로 정식교사들을 돕는 일을 하다가 나중에는 전체를 총괄하는 총무교사로 봉사했다. 그 당시 초등학교 5-6학년 학생이 200여 명 가까이 되었고 담당교사만 40여 명이 될 만큼 규모가 있는 교회였다. 총무교사는 전체를 관할해야 해서 주일이 되면 정신없이 바빴다.

지금은 쓰레기를 분리수거하여 봉투에 넣어서 버리지만, 그 당시에는 교회 마당 구석에 쓰레기 소각장이 있었다. 모든 봉사의 마무리는 서무교사들이 교회를 청소한 다음 쓰레기를 소각장에서 태우는 것이다. 그런데 어느 날 사무실에서 서무교사들이 청소하고 소각장으로 가려고 할 때 지시만 하고 앞에서 직책만 감당한다면 하나님 앞에 칭찬받지 못할 것 같다는 생각이 들었다. 그래서 마지막 마무리인 쓰레기를 직접 태우러 갔다. 작은 일에 더 관심을 갖고 충성해야 주님이 기뻐하실 것 같았다.

주님이 주신 일은 모두 귀하지만 우리 눈에 작아 보이고 알아주지 않는 일에 충성하기가 쉽지 않다. 그러나 하나님은 작은 일에 충성한 자를 기뻐하신다. 소명을 받은 사람은 사람이 알아주지 않아도 하나님이 맡기셨기에 책임을 다한다. 어떨 때는 자신만 바보같이 여겨질 때도 있고, 하나님이 보이지 않는 것 같을 때도 있다. 하지만 그 순간에도 성실히 작은 일에 책임을 다해야 한다. 하나님은 작은 일에 충성한 자를 높이시는 분이기 때문이다.

주님은 보고 계신다

3 너는 구제할 때에 오른손이 하는 것을 왼손이 모르게 하여 4 네 구제함을 은밀하게 하라 은밀한 중에 보시는 너의 아버지께서 갚으시리라 마 6:3-4

성경은 선한 일을 아무도 모르게 하라고 말씀한다. 사람 앞에 드러내지 말라는 것은 하나님 앞에서 하라는 뜻이다. 우리는 하나님 앞에서 살아가는 자들이다. 우리가 보는 안목은 정확하지 않다. 그래서 우리의 안목을 따라가면 세상 사람에게는 인정을 받을지 모르지만, 하나님 앞에서는 인정받을 수 없다.

내 눈에 보이는 가치를 따라가지 말고 하나님이 맡기신 일이 비록 가치 없어 보여도 섬겨야 한다. 이것은 소명 받은 모든 그리스도인에게 가장 중요한 삶의 태도이다. 아무도 보고 있지 않고 내 눈에 보이지 않아도 하나님은 보고 계신다. 내 삶의 자리에 하나님이 계신 것같이 살아가야 한다.

신학교 시절 20대 초반의 학우 하나가 시험을 보면서 커닝을 했다. 그것을 본 20대 중반의 학우가 나에게 찾아왔다. 신학교에서 커닝하는 것에 충격을 받고 내일 그 학우를 조용히 불러서 때려주려고 한다고 했다. 나는 그 학우에게 말로 타이르라고 권면했다. 그 학우가 비록 커닝이라는 잘못을 했지만 그렇다고 학우를 때린다면 그것도 잘못하는 것이니 이것을 모두 하나님께 맡기자고 했다. 그러나 그는 여전히 커닝으로 얻은 좋은 점수로 인해 다른 사람들이 피해 보는 것을 납득하지 못했고 나는 그런 그에게 이렇게 말했다.

"우리의 성적표에는 보이지 않는 칸이 있다. 이것은 영적인 눈이 열린 사람에게만 보이는 거야. 그것은 '하나님 앞에서'라는 점수이다. 커닝으로 A+를 받는다고 해도 하나님 앞에서 점수가 F이면 나중에 어떤 열매도 맺을 수 없다. 하나님께 맡기자. 어차피 우리는 목사가 되는 길을 걷고 있는 자들이다. 작은 것에 충성하고 억울한 것은 다 맡겨드리자."

사람은 속일 수 있을지 모른다. 그러나 하나님은 속일 수 없다. 삶에서 가장 어려운 것은 하나님 앞에 'F'라는 점수가 실제 내 눈에는 안 보인다는 것이다. 실제 나의 삶에는 커닝하고 불의한 것으로 이익을 보는 것으로 보이기 때문에 잘못을 쉽게 넘어가는 경우가 많다. 그렇다. 세상적인 이익은 챙겼을지 모른다. 하지만 그런 자들은 하나님으로부터 소명 받지 못할뿐더러 소명의 삶을 살아갈 수 없다.

가치 없어 보여도 섬겨라

34 그 때에 임금이 그 오른편에 있는 자들에게 이르시되 내 아버지께 복 받을 자들이여 나아와 창세로부터 너희를 위하여 예비된 나라를 상속받으라 35 내가 주릴 때에 너희가 먹을 것을 주었고 목마를 때에 마시게 하였고 나그네 되었을 때에 영접하였고 36 헐벗었을 때에 옷을 입혔고 병들었을 때에 돌보았고 옥에 갇혔을 때에 와서 보았느니라 37 이에 의인들이 대답하여 이르되 주여 우리가 어느 때에 주께서 주리신 것을 보고 음식을 대접하였으며 목마르신 것을 보고 마시게 하였나이까 38 어느

때에 나그네 되신 것을 보고 영접하였으며 헐벗으신 것을 보고 옷 입혔나이까 39 어느 때에 병드신 것이나 옥에 갇히신 것을 보고 가서 뵈었나이까 하리니 40 임금이 대답하여 이르시되 내가 진실로 너희에게 이르노니 너희가 여기 내 형제 중에 지극히 작은 자 하나에게 한 것이 곧 내게 한 것이니라 하시고

마 25:34-40

이것은 마지막 심판의 날에 목자가 양과 염소를 구분하듯이 인자가 사람들을 나누어 양에게는 상급을 주고 염소는 심판하신다는 말씀이다. 그런데 이 말씀을 자세히 보면 대단한 어떤 일을 해서 상급을 받는 것이 아니다. 심판받는 자들 역시 대단히 악한 일을 한 자들이 아니다. 여기에 가장 중요한 것은 "작은 자에게 한 것이 곧 내게 한 것이다!"라는 주님의 말씀이다.

양과 염소에 속한 모든 사람이 동일한 말을 한다. "주여 우리가 어느 때에"라는 말이다. 칭찬받는 자들이나 심판받는 자들 모두 어느 때에 선한 일을 했는지, 어느 때에 악한 일을 했는지 모르고 했다. 이것은 칭찬받은 일을 한 자들도 이 정도가 하나님께 칭찬받을 큰일이라고 느끼지 않았다는 것이다. 이들은 하나님이 자신들 옆에 붙여준 어려운 사람들을 잊지 않고 함께 나

눌 수 있는 마음을 가진 자들이다. 내 눈에 가치가 없어 보이는 사람이지만, 하나님이 맡기신 것을 알고 섬겼더니 그것이 주님에게 한 것이라고 말씀하신다.

평범한 것을 붙잡고 위대하게 만드시는 하나님의 능력이 나타날 때 모든 것이 드러나게 된다. 출애굽기 14장은 이스라엘 백성이 홍해를 건너 탈출하는 장면이다. 하나님이 이스라엘 백성들을 홍해 앞으로 인도하신다. 뒤에는 애굽 군대가 탈출하는 이스라엘 백성들을 쫓아오고 있었다. 두려움에 떠는 이스라엘 백성들은 모세를 원망하기 시작했다. 이때 하나님이 모세에게 말씀하셨다.

15 여호와께서 모세에게 이르시되 너는 어찌하여 내게 부르짖느냐 이스라엘 자손에게 명령하여 앞으로 나아가게 하고 16 지팡이를 들고 손을 바다 위로 내밀어 그것이 갈라지게 하라 이스라엘 자손이 바다 가운데서 마른 땅으로 행하리라 출 14:15-16

하나님의 말씀에 따라 모세가 평범해 보이는 지팡이를 들어 손을 바다 위로 내밀었다. 그랬더니 바다가 갈라지는 일이 벌어졌다. 하나님의 방법은 모세가 그저 지팡이로 바다를 가리키는 것뿐이었다. 홍해를 가르는 것은 우리가 할 수 없는 일이지만, 지팡이를 내미는 것은 누구나 할 수 있는 일이다.

모세가 지팡이를 내밀었더니 하나님의 역사가 벌어지고 위대한 일을 보게 된 것이다. 평범함을 위대하게 만드는 것은 하나님만이 하실 수 있다. 우리가 위대하게 하는 것이 아니다. 우리는 모세처럼 지팡이를 들고 우리의 평범함을 잘 지켜가면 된다. 타락은 평범한 것에 충성하지 않고 위대함을 좇을 때 시작된다.

그리스도인에게 가장 중요한 것은 평범한 것 속에서 주님을 따르는 것이다. 매주 주일 예배, 말씀과 기도생활, 세상의 문화를 좇지 않는 싸움 등이다. 우리의 실생활에서 이런 것들을 지킨다고 해서 큰 이익이 없고 안 지켜도 그만이다. 그러나 이런 평범해 보이고, 가치 없어 보이고, 그냥 안 해도 상관없다고 생각되는 것들을 하는 것, 그것이 내 모든 시간의 중심이 하나님께 있다는 고백이 된다.

말씀과 기도는 내 삶의 기준을 주님 앞에 두었다는 것이다. 세상의 문화를 좇지 않는 것은 이 세상에서 불편하더라도 거룩한 삶을 살기 위한 애씀이다. 그런데 평범해 보이는 예배, 말씀, 기도라는 삶을 통해 하나님은 역사하신다. 나의 평범한 잠깐의 중보기도, 작은 선교 헌금이 누군가를 살리는 일을 한다. 그것이 모여 하나님의 역사가 이루어지는 것이다. 우리의 평범한 신앙의 삶이 하나님이 하신 위대한 일로 바뀐다는 것을 기억하고 살기를 바란다.

11

나를 통해, 나에 의해, 나와 함께

그는 몸인 교회의 머리시라 그가 근본이시요 죽은 자들 가운데
서 먼저 나신 이시니 이는 친히 만물의 으뜸이 되려 하심이요

골 1:18

그리스도께서 자신의 몸인 '교회의 머리'라는 말씀이다. 이
것은 교회를 이해할 때 굉장히 중요한 표현이다. 흔히들 교회
를 설명할 때 유기체적인 관계라고 말한다. 교회를 예수님의 팔
이나 다리로 설명하지 않고 몸으로 설명했다는 것을 알아야 한
다. 팔과 다리는 없어도 불편할 뿐 살 수가 있다. 그러나 머리와
몸을 나누면 사람은 죽는다. 예수님과 교회가 운명 공동체라는
것이다. 주님은 이 땅에서 교회를 통해 일하시기로 작정하셨다.
또한 교회는 예배당이 있는 건물이 아니다.

16 너희는 너희가 하나님의 성전인 것과 하나님의 성령이 너희

안에 계시는 것을 알지 못하느냐 17 누구든지 하나님의 성전을 더럽히면 하나님이 그 사람을 멸하시리라 하나님의 성전은 거룩하니 너희도 그러하니라 고전 3:16-17

사도 바울은 고린도전서에서 성도가 곧 하나님의 성전이라고 말한다. 예수를 믿는 자들이 곧 교회인 것이다. 주님은 이 땅의 그리스도인들을 통해서 하나님의 나라를 전파하기로 작정하셨다. 이것이 소명 받은 자들이 존재하는 이유이다.

하나님은 세상의 빛과 소금의 삶을 살아가는 그리스도인에게 소명을 주시고 그들을 통해서 하나님의 뜻을 이루어가신다. 그래서 우리가 그리스도인으로서 이 땅에 보내졌다면 우리가 주님과 함께 살아가야 하는 운명적 존재임을 깨달아야 한다. 따라서 모든 그리스도인은 이 땅에서 하나님의 부르심을 받은 소명의 사람들임을 알아야 한다. 하나님은 "나를 통해! 나에 의해! 나와 함께" 일하시기로 작정하셨다.

나를 통해서 일하신다

16 이는 곧 선지자 요엘을 통하여 말씀하신 것이니 일렀으되 17 하나님이 말씀하시기를 말세에 내가 내 영을 모든 육체에 부어 주리니 너희의 자녀들은 예언할 것이요 너희의 젊은이들은 환상을 보고 너희의 늙은이들은 꿈을 꾸리라 18 그 때에 내가 내 영을 내 남종과 여종들에게 부어 주리니 그들이 예언할 것이요

행 2:16-18

오순절 성령 강림의 역사를 보면서 사도 베드로가 요엘서의 예언이 실현되었다고 선포한다. 하나님은 각 시대 속에 하나님의 영을 부어주신다. 하나님은 각 시대 속에서 소명의 사람을 부르신다. 그리고 그들을 통해서 일하시는 것이다.

청년 중에는 기독교가 타락했다고 실망하고 신앙생활에 힘을 잃었다고 말하는 이들도 있다. 그들에게 항상 동일하게 선포하는 말씀이 있다. "어른들이 타락한다고 기독교가 무너지지 않는다. 그들의 시대는 너희들보다 먼저 끝난다. 너희들이 끝까지 버티면 결국 하나님께서 교회를 너희들에게 맡길 것이다. 시간을 이기는 자는 없다. 어른들이 아니라 다음세대인 너희가 타

락하는 것을 두려워해야 한다."

하나님은 오늘 이 시대 속에서 살아가는 모든 그리스도인에게 꿈을 가지고 계신다. 우리는 성경을 통해서 자기 시대 속에서 하나님의 소명을 이룬 수많은 믿음의 선진을 알고 있다. 아브라함을 필두로 구약의 수많은 인물과 신약에 기라성 같은 믿음의 사람들을 성경을 통해 보고 있고 또 설교로 듣고 있다.

그러나 하나님께서 이 시대 속에서 일하신다면 그것은 성경의 인물들을 통해서가 아니다. 그들은 자신의 시대 속에서 순종하고 살고 죽음으로써 자신의 시대를 마무리했다. 하나님이 이 시대 속에서 '하나님의 사람'을 찾는다면 그것은 바로 이 시대의 그리스도인을 찾는 것이다.

지금 이 시간 속에 주(主)를 고백하고 순종할 수 있는 자, 살아 있는 나 자신이 바로 그런 자이다. 우리가 지금 이 시간 속에 있는 것은 우연이 아니다. 하나님의 큰 역사의 시간 속에 있는 것이다. 주님은 나를 통해서 일하시기로 작정하셨다. 그렇기 때문에 이 시간 속에 내가 있는 것이다.

나에 의해 역사가 이루어진다

현재 지구에는 수많은 인류가 같이 살아간다. 하지만 같은 시간대에 있다고 해서 모두가 같은 상황을 겪지는 않는다. 우리가 살아가는 시간을 하나님이 정해주신 것처럼, 내가 살아가는 공간도 주님이 결정한 것이다. 내가 대한민국 사람으로 태어난 것, 나의 부모와 형제, 이웃을 내가 선택한 것이 아니다.

그래서 소명을 이야기할 때 시간 다음으로 중요한 것이 내가 살아가고 있는 장소이다. 교회에서 새신자와 성경공부를 할 때 가르치는 내용이 있다. 교회를 같이 만들어 가자는 내용인데, 교회를 다니는 많은 기독교인들 중에 예배만 드리고 가는 성도들이 꽤 많아서 이것을 가르치게 되었다.

먼저 자신의 삶의 비전이 하나님께 영광을 돌리는 삶인지, 아니면 편하고 좋은 신앙생활을 하다가 천국에 가는 것인지를 묻는다. 그러면 대부분 하나님께 영광 돌리는 삶이라고 말한다. 그럴 때 나는 이렇게 당부한다. "그러면 자신이 등록하여 출석하고 있는 교회를 잘 섬기셔야 합니다. 헌금도 하고 봉사도 해서 잘 세워가셔야 합니다. 그것이 하나님께 영광 돌리는 것입니다."

우리는 신앙을 피상적으로 배웠다. 신앙은 종교활동이 아니다. 내가 있는 그곳에서 하나님께 영광을 돌려야 한다. 다시 말해서 내가 보내심을 받은 장소가 바로 내가 세상의 빛과 소금의 역할을 해야 할 비전의 장소라는 것이다. 하나님이 내게 부탁한 교회, 가정, 직장이 내가 소명을 받은 곳이다. 하나님은 그곳에서 '나에 의해' 이 일들을 이루어 가신다.

내가 다니는 교회를 내가 잘 섬기지 못해 교회가 무너진다면, 그것은 내 책임이 크다. 내게 주어진 가정을 망가트린다면, 내게 주어진 나라와 사회에서 책임을 다하지 않아 악이 가득하다면 하나님께서 그 책임을 물으실 것이다.

하나님은 내가 천국에 가면 다른 교회에 대해 묻지 않고 '주내힘교회'를 물으실 것이고, 마커스 워십 경배와 찬양에 대해 물으실 것이다. 왜냐하면 이곳이 하나님께서 내게 맡기고 부탁하신 곳이기 때문이다. 이곳에서 내가 충성하면 상이 클 것이고, 이곳에서 내가 주님의 일을 망친다면 벌을 받을 것이다. 주님이 나를 보내신 곳은 특별한 이유가 있는 비전의 장소이다.

22 종들아 모든 일에 육신의 상전들에게 순종하되 사람을 기쁘게 하는 자와 같이 눈가림만 하지 말고 오직 주를 두려워하여 성실한 마음으로 하라 23 무슨 일을 하든지 마음을 다하여 주께

하듯 하고 사람에게 하듯 하지 말라 24 이는 기업의 상을 주께 받을 줄 아나니 너희는 주 그리스도를 섬기느니라 골 3:22-24

주님은 내게 맡기신 그곳에서 주님 앞에서 하듯 하라고 명령하셨다. 따라서 우리는 기억해야 한다. 내가 있는 곳에서 내가 거룩하게 살면 그곳에 주님의 거룩함이 드러날 것이다. 그러나 내가 있는 그곳에서 달란트를 감추어두고 일하지 않은 악하고 게으른 종처럼 살아간다면 그 책임은 바로 그 자리에 보내심을 받은 나에게 물으실 것이다. 소명은 내가 있는 그곳에 있다. 소명은 내가 살아가는 그 장소에 있다. 내가 보내진 그곳에서 나에 의해서 일하시는 주님을 바라보며 책임을 다해야 한다.

나와 함께 붙여진 사람을 기억해야 한다

소명은 일이 아니라고 했다. 소명 받은 자들의 일은 사람을 살리라고 주신 것이다. 아무리 일을 잘해도 사람을 죽이면 하나님께 인정받지 못한다. 그래서 하나님은 우리 주변에 사람들을 묶어 두셨다.

23 아브라함이 가까이 나아가 이르되 주께서 의인을 악인과 함께 멸하려 하시나이까 24 그 성 중에 의인 오십 명이 있을지라도 주께서 그 곳을 멸하시고 그 오십 의인을 위하여 용서하지 아니하시리이까 25 주께서 이같이 하사 의인을 악인과 함께 죽이심은 부당하오며 의인과 악인을 같이 하심도 부당하니이다 세상을 심판하시는 이가 정의를 행하실 것이 아니니이까 26 여호와께서 이르시되 내가 만일 소돔 성읍 가운데에서 의인 오십 명을 찾으면 그들을 위하여 온 지역을 용서하리라 창 18:23-26

소돔과 고모라는 하나님의 심판을 받은 곳이다. 그러나 우리가 알아야 할 것은 소돔과 고모라의 죄악이 깊어서 심판받은 것이 아니라는 것이다. 그곳에 하나님의 통로가 되어야 할 의인이 없어서 망한 것이다. 소명의 사람들이 사라질 때 그곳은 멸망의 땅이 된다. 아브라함의 기도를 통해 하나님께서 이렇게 말씀하신다.

"내가 만일 소돔 성읍 가운데에서 의인 오십 명을 찾으면 그들을 위하여 온 지역을 용서하리라."

의인만 구원받는 것이 아니라 그 의인으로 말미암아 그곳의 온 지역이 용서함을 받게 되는 것이다. 만약에 소돔과 고모라에 의인 열 명만 있었어도 이들은 그 의인으로 말미암아 의인과 함께 심판을 면했을 것이다.

불행히도 롯은 그곳에서 의로운 삶을 살지 못했다. 그 결과 롯과 함께 살았던 소돔과 고모라는 멸망했다. 에스겔서 22장 23절부터 그 땅에 사는 선지자와 제사장과 고관들의 타락, 백성들의 타락이 기록되어 있다. 그리고 하나님은 심판하시기 전에 그 땅에 의인이 있는지를 살펴보신다.

> 30 이 땅을 위하여 성을 쌓으며 성 무너진 데를 막아 서서 나로 하여금 멸하지 못하게 할 사람을 내가 그 가운데에서 찾다가 찾지 못하였으므로 31 내가 내 분노를 그들 위에 쏟으며 내 진노의 불로 멸하여 그들 행위대로 그들 머리에 보응하였느니라 주 여호와의 말씀이니라 겔 22:30-31

하나님께서 심판하실 때 성 무너진 데를 막아서서 멸하지 못하게 할 사람을 찾다가 찾지 못하셨기 때문에 진노를 내리신다는 말씀이다. 기독교인의 신앙은 나 혼자 잘 믿고, 나 혼자 천국 가서 잘 사는 것이 아니다. 하나님을 알고 믿었기 때문에 나를 통해서 나와 묶여 있는 사람들에게 은혜를 끼쳐야 한다. 이것이 우리가 이 시대 속에서 깨어 있어야 하는 이유이고, 잘 살아야 하는 이유이다.

아무 생각 없이 세상 문화를 따라가서는 안 된다. 나 때문에 나에게 묶인 자들이 같이 멸망한다면 그것은 너무 끔찍한 일이다. 소명은 어떤 멋진 일을 하는 것이 아니라 나에게 묶인 사람들에게 나 때문에 은혜를 입게 하는 것이다.

나는 이 땅에 우연히 살아가는 존재가 아니다. 하나님은 하나님의 큰 시간 속에서 나를 통해 일하시려고 나를 이 시간대에 보내셨다. 또한 모든 그리스도인에게 각각 다른 환경과 가정과 일터를 주신 것도 그곳이 하나님께서 나에게 부탁한 장소임을 깨달아야 한다. 내가 있는 그 장소에서 하나님은 '나에 의해서' 일을 이루시는 것이다. 내가 움직이지 않으면 그곳은 타락의 장소가 된다.

마지막으로 내게 묶인 사람들을 기억하며 살아야 한다. 내가 깨어 있고 거룩하게 살면 하나님께서 그 시대에 나에게 묶어준 사람들이 복을 받게 된다. 그러나 내가 나태해지면 나뿐만 아니라 나와 함께 묶인 모든 사람을 불행하게 만든다. 무엇을 먹을까, 무엇을 마실까, 무엇을 입을까를 좇지 말라. 소명의 사람들은 자신에게 주어진 삶의 시간과 장소에서 어떻게 하나님의 뜻을 이룰까 고민한다.

만약 지금 내가 하나님의 뜻을 고민한다면 그 사람은 분명히 하나님의 소명의 삶을 깨닫게 될 것이다. 비록 그의 삶이 평범해 보일지 모른다. 하지만 하나님은 그를 통해 벌써 일하시고 있을 것이다. 이 세상에서의 삶은 평범해 보일지 모르지만, 천국에서 이 평범함을 위대하게 만드실 주님을 기대하면서 오늘을 주신 소명의 삶에 최선을 다하기 바란다.

12

지금 나의 자리에서부터 시작하라

성도들이 어떻게 해야 하나님께 영광을 돌리며 사느냐고 질문한다. 그럴 때마다 나는 항상 똑같은 대답을 들려준다.

"지금 당장 나의 자리에서부터 시작하라!"

우리는 하나님께서 주신 시간만큼 살아간다. 시간의 무서움을 아는 자는 나태해지지 않는다. 하나님은 우리에게 강건해야 80년이라는 시간을 허락하셨다. 기억할 것은 그 시간이 우리를 기다려주지 않는다는 것이다. 지금 이 순간에도 시간은 흐르고 있다. 한번 흘러간 시간은 다시 돌아오지 않는다.

나중이라는 시간은 없다

나의 소명과 비전이 무엇인지 모르겠다고 고민만 하다가는 시간을 낭비하게 된다. 이것을 아무 생각 없이 살라는 뜻으로 받아들이지 말라. 분명히 힘주어 말하지만, 소명 받은 자의 삶은 고민만 있지 않다. 그들은 오늘 주어진 삶에 충실하면서 동시에 기도하며 생각하고 준비한다. 그래서 하나님께 장래에 어떻게 영광을 돌릴까 생각하기 이전에 당장 내가 할 수 있는 것부터 시작하라는 것이다. 그렇게 살아낸 것으로 하나님께 영광을 돌리는 것이 소명의 삶이다.

　지금의 것을 감당하며 살아갈 때 다음의 것도 보이기 때문이다. '내가 어떻게 하면 효자가 될까?' 생각한다면 지금부터 부모에게 잘하면 되는 것이다. 돈이 있고, 시간이 더 있고, 더 좋은 상황이 되면, 그때 부모에게 잘할 수 있다고 말한다면 그것은 거짓이다. 부모님에게 대단한 것을 하는 것이 중요한 것이 아니라 내가 지금 할 수 있는 작은 일부터 마음을 써 드리는 것이 먼저이다. 똑같이 생각해보면, 하나님께 영광 돌리는 삶에 나중은 없다. 나중이라는 시간은 내게 주어진 시간이 아니기 때문이다.

　내일은 항상 주님이 주시는 선물이다. 우리에게 주어진 시간은 항상 오늘이다. 따라서 우리는 오늘 이 순간부터 시작하면 된다. 상황이 안 좋으면 안 좋은 대로, 건강하지 못하면 건강하지 못한 대로, 가난하면 가난한 대로 나의 삶의 자리에서 영광을 돌리며 살면 되는 것이다. 상황과 환경을 탓하는 것은 핑계에 불과하다. 나에게 주어진 오늘, 소명의 삶을 살면 되는 것이다.

매일 하나님과 가까이하는 실제적 삶을 살아라

소명의 삶을 살기 위해서는 날마다 나의 삶 속에서 반드시 해야 할 것들이 있다. 삶은 실제이다. 삶은 상상하고 바란다고 이루어지는 것이 아니다. 최선을 다해 살아간 자만이 원하는 것을 이룰 수 있다. 그러기 위해서 먼저 소명을 주시는 하나님과 함께하는 삶에 우선순위를 두어야 한다.

소명은 하나님으로부터 온다. 소명을 감당할 힘과 능력도 하나님에게서 나온다. 하나님을 빼놓고 소명은 존재하지 않는다. 소명을 감당하고자 하면 먼저 매일 하나님과 가까이하는 삶을 실제로 살아야 한다.

교회 성도 중에 아이들의 신앙이 자라지 않는다고 걱정하는 분들이 더러 있다. 그리고 담당 교역자에게 이것저것 해달라고 요청한다. 그럴 때 나는 교회에서도 최선을 다하겠지만 교회만으로는 신앙이 자라지 않는다고 말한다. 자녀의 영어 실력이 좋아지기를 바라는데, 일주일에 한 번 학원에 보내서 1-2시간 공부하며 실력이 급성장하기를 기대하는 사람은 없다. 실력이 자라려면 수업 시간을 더 늘리고 스스로 공부하는 시간 역시 더 늘려야 한다.

그런데 신앙의 문제에서 이 상식이 사라진다. 일주일에 한

번 예배드리고 1시간도 채 안 되는 성경공부를 하면서 어떻게 신앙이 급성장하기를 기대하는지 모르겠다. 신앙이든 공부든 실력을 키우려면 절대적으로 시간의 양을 채워야 한다. 교회에 더 많이 나와 예배드리고 성경공부와 기도생활에 몰두하여 집중해야 한다. 이러다가 신학교에 가고 목회자가 되겠다고 하는 것 아닌가 하는 생각이 들 정도가 되어야 한다.

대부분의 믿음의 사람 역시 이런 시기를 거치면서 신앙이 자랐다고 고백하는 것을 듣게 된다. 그래서 성경은 자녀들에게 신앙의 삶을 가르치라고 말한다.

마땅히 행할 길을 아이에게 가르치라 그리하면 늙어도 그것을 떠나지 아니하리라 잠 22:6

신앙은 저절로 자라지 않는다. 마땅히 행할 길을 가르쳐야 한다. 여기서 행할 길을 가르칠 때 알아야 할 것은 말만으로 안 된다는 것이다. 그 말에 권위가 있으려면 반드시 그 길을 걷고 행하는 자라야 한다. 물론 부모의 신앙이 좋다고 해서 반드시 자녀의 신앙이 좋아지는 것은 아니다. 그러나 분명한 것은 가르침을 받지 못한다면 자랄 수 없다는 것이다.

어떤 성도는 아이들에게 교회에 나가는 것을 억지로 권하지는 않는다고 한다. 아이들이 가고 싶을 때까지 기다린다는 말을 들은 적이 있다. 끔찍한 일이다. 우리는 종교생활을 하는 것이 아니다. 아이가 암으로 죽어가는데 수술받기 싫다고 그냥 놔두는 부모는 없을 것이다.

하나님을 떠나면 우리의 영혼은 죽는다. 어려서부터 가르치지 않는다면 아마 죽을 때까지 마음이 바뀌지 않을지도 모른다. 신앙은 어릴 때부터 가르쳐야 한다. 마땅히 행할 것을 가르치고 살다보면 그 속에서 일하시는 하나님을 만나게 된다.

소명의 삶을 사는 자들은 날마다 하나님과 함께하는 자들이다. 신앙은 말과 마음으로 하는 것이 아니다. 삶으로 하는 것이다. 매일 하나님과 구체적인 시간을 가져야 한다. 우리도 매일 밥을 먹지 않으면 버틸 수 없다. 식사를 적게 하든 많게 하든 분명한 것은 식사를 해야 육신이 버틸 수 있다는 것이다.

영적인 것도 똑같다. 매일 말씀을 읽고 기도하는 삶 없이는 강건하게 버틸 수 없다. 영적인 양식을 먹지 않으면 우리의 영이 영양실조에 걸린다. 영적 영양실조에 걸린 성도는 힘을 잃어버려 세상의 유혹과 사탄의 시험을 이길 수 없다.

오늘날 신앙의 힘을 잃어버린 대부분의 성도를 살펴보면 하나님과 함께하는 예배, 말씀, 기도의 시간이 거의 없다. 그러면서 세상의 교제, 정보, 인간관계만 풍성하다. 배가 고프면 입맛이 있든 없든 그냥 밥을 먹으면 된다. 똑같이 신앙의 힘이 없을 때 그냥 하나님의 말씀 앞으로 나아가고 기도로 나아가면 되는 것이다. 성경을 깨닫지 못해도, 기도하면서 졸아도 상관없다. 하나님을 가까이하는 삶의 싸움이 있어야 한다.

> 26 그러므로 나는 달음질하기를 향방 없는 것 같이 아니하고 싸우기를 허공을 치는 것 같이 아니하며 27 내가 내 몸을 쳐 복종하게 함은 내가 남에게 전파한 후에 자신이 도리어 버림을 당할까 두려워함이로다 고전 9:26-27

사도 바울은 분명한 신앙의 목적과 목표를 가지고 자신의 몸을 쳐서 복종시켰다. 경건의 삶은 대가 없이 이루어지지 않는다. 우리는 죄악의 낙을 누리기를 더 좋아한다. 우리의 경건이 무너지는 것은 순식간이다.

하나님과 가까이하는 것은 그냥 저절로 되지 않는다. 자신을 쳐서 복종시켜야 한다. 소명의 삶을 살기 원한다면 먼저 매일 하나님과 가까이하는 구체적인 삶을 살아야 한다. 그래서 하나님께 소명과 비전을 묻기 전에 먼저 나를 점검해야 한다.

매일 하나님과 시간을 가지고 영적인 교제를 하고 있는가? 지금 당장 시간을 잡아라. 매일 말씀과 기도의 삶을 시작하라. 핑계 대지 말기 바란다. 매일 먼저 하나님과 많은 시간을 갖는 자에게 소명이 시작될 것이다.

삶의 계획표를 다시 짜라

가계부를 쓰면 내 돈의 흐름을 볼 수 있다. 내가 어떤 곳에 물질을 많이 쓰는지, 어디서 돈이 빠져나가는지를 점검할 수 있다. 물질을 관리하기 위해서 가계부가 필요하듯이 시간의 가계부가 필요하다.

시간의 가계부는 계획표이다. 시간의 계획표를 쓰는 이유는 시간을 잘 관리하기 위해서다. 우리는 두 번 살 수 없다. 정확히 내게 지금 주어진 한 번밖에 없는 삶을 사는 것이다. 그 삶에는 시행착오가 많다. 우리가 가보지 못한 길을 가기 때문에 힘들다. 자칫 아무 생각 없이 시간만 낭비하다가 주님 앞에 서게 될 수도 있다. 그래서 자신에게 주어진 시간을 잘 관리해야 한다.

하나님께서 세상 모든 것들은 각자의 재능과 상황에 따라 다르게 주셨지만, 시간만큼은 모두에게 공평하게 주셨다. 당장 우리의 외모나 달란트를 보면 그 차이가 너무 크다는 것을 알 수 있다. 그러나 시간은 모두에게 하루 24시간을 공평하게 주셨다. 따라서 시간을 잘 관리하면 80세를 살아도 100세를 산 것처럼 사는 사람이 있다. 그런가 하면 50년을 낭비하고 산 사람도 있을 것이다.

15 그런즉 너희가 어떻게 행할지를 자세히 주의하여 지혜 없는 자 같이 하지 말고 오직 지혜 있는 자 같이 하여 16 세월을 아끼라 때가 악하니라 17 그러므로 어리석은 자가 되지 말고 오직 주의 뜻이 무엇인가 이해하라 엡 5:15-17

때가 악할수록 세월을 아끼는 것이 지혜이다. 하나님이 내게 주신 소명을 깨닫기 위해서는 내 시간의 주인이 누구인지 정확히 알아야 한다. 그렇기 때문에 지혜로운 사람은 매일, 매주, 매월의 시간 계획표를 쓴다.

시간 계획표를 써보면 내가 중요하게 여기는 것, 내가 자주 만나는 사람, 내가 어디에 시간을 가장 많이 투자하는지 보일

것이다. 그리고 내게 더 필요한 시간, 더 절제해야 할 것이 무엇인지 알게 될 것이다.

시간 계획표를 짤 때 계획표에 너무 얽매일 필요는 없다. 시간 계획표를 잘 지키도록 노력해야 한다. 그러나 이 계획표대로 안 된다고 해서 포기하거나 죄책감에 빠지면 안 된다. 계획은 조절과 조정이 필요한 법이다.

계획표를 짜는 또 하나의 이유는 나를 점검하기 위해서다. 시간의 기준이 있어야 시간을 조절할 수 있듯이 삶의 기준이 있어야 지켜야 할 것과 양보할 것을 판단할 수 있다. 시간의 기준이 없는 사람에게 시간은 물과 같이 흘러간다. 그래서 시간 계획표를 가지고 자신의 시간 활용을 점검해보아야 하는 것이다. 꼭 지켜야 하는 것과 하지 말아야 할 것, 더 시간을 늘려야 할 것과 줄여야 할 것을 하나님께서 보게 하실 것이다.

처음부터 계획을 잘 지키는 것은 어렵다. 처음부터 너무 빡빡하게 계획표를 짜지 말라. 매일, 매주, 매월 그 속에서 꼭 지켜야 할 것을 계획하고 지켜가라. 그리고 내 신앙을 나태하게 만드는 것들부터 줄여가기 시작하라. 오늘 하루 나의 삶, 이번 주 나의 삶, 이번 달 나의 삶을 하나님께서 기뻐하셨을지 점검해봐야 한다. 우리 삶의 중심은 언제나 하나님이시기 때문이다.

사탄이 가장 잘 쓰는 무기는 "내일 하라!"는 것이다. 그러나 내일은 우리 삶에 없는 것이다. 오늘 내 생명이 끝나면 오늘까지의 내 삶을 가지고 주님 앞에 서야 한다. 이것이 우리의 실제적인 삶이다. 사탄의 속임수에 빠지면 안 된다.

오늘을 잘 살지 않는 자에게 내일이란 없는 것이다. 바로가 감옥에 있던 요셉을 부른 사건은 요셉이 생각해보지 못한 순간이었을 것이다. 요셉이 감옥에서 포기한 삶을 살았다면 바로가 그를 부른 날은 총리가 되는 날이 아니라 재앙의 날이 되었을 것이다. 오늘을 잘 살아야 내일이 항상 웃고 있는 것이지 오늘을 낭비하는 자의 내일은 재앙만 있을 뿐이다.

> 9 게으른 자여 네가 어느 때까지 누워 있겠느냐 네가 어느 때에 잠이 깨어 일어나겠느냐 10 좀 더 자자, 좀 더 졸자, 손을 모으고 좀 더 누워 있자 하면 11 네 빈궁이 강도같이 오며 네 곤핍이 군사같이 이르리라 잠 6:9-11

성경은 항상 오늘의 시간을 가장 중요하게 여긴다. 내일 주님이 오시면 게으른 자에게는 재앙의 시간이요 심판의 때이다. 그래서 시간을 아껴야 한다.

같은 시간도 더 가치 있게 쓰고, 그 시간 속에 주님이 함께하는 법을 배우려면 자신의 시간을 점검해야 한다. 그리고 당장 하나님이 중심이 되는 시간 계획표를 만들어서 나의 삶 가운데 주님과 함께하는 법을 배워야 한다. 시간을 다스리지 못하는 자는 소명의 삶을 살 수 없다.

현재 주어진 일에서부터 인정받아라

22 종들아 모든 일에 육신의 상전들에게 순종하되 사람을 기쁘게 하는 자와 같이 눈가림만 하지 말고 오직 주를 두려워하여 성실한 마음으로 하라 23 무슨 일을 하든지 마음을 다하여 주께 하듯 하고 사람에게 하듯 하지 말라 24 이는 기업의 상을 주께 받을 줄 아나니 너희는 주 그리스도를 섬기느니라 골 3:22-24

주님은 오늘 내게 주어진 삶의 태도와 자세를 보신다. 그리스도인은 사람에게 보이기 위해 살지 않는다. 그리스도인은 주님 앞에서 살아간다. 이런 삶은 하루아침에 이루어지지 않는다.

요셉은 총리로 부르심을 받기 전에 먼저 노예 소년으로, 가정 총무로, 감옥에서 간수를 돕는 자의 역할을 잘 감당했다. 요셉은 보디발에게 잘 보이기 위해 성실히 행한 것이 아니다. 비록 노예의 삶이었지만 하나님 앞에서 성실히 행한 것이다. 그리고 그 속에서 실력이 만들어졌다.

실력이 없는 자에게 기회는 언제나 부끄러움뿐이다. 기회는 실력이 준비된 자에게만 영광으로 다가온다. 그런데 그 실력은 어느 날 갑자기 생기지 않는다. 미련한 자의 특징은 오늘의 삶에 충실하지 않거나 추상적인 생각으로 산다는 것이다. 그런 모습으로는 열매를 맺을 수 없다. 오늘의 삶이 곧 내일로 연결되기 때문이다.

나는 20대 청년 때 어떻게 살아야 할지 몰랐다. 고등학교를 졸업했지만, 대학에 갈 수 있는 실력도 형편도 되지 않았기 때문이다. 너무 가난해서 차비가 없어 걸어 다닐 때도 많았다. 많이 굶었고 한겨울에 난방 없이 살기도 했다. 10대 후반부터 시작된 혹독함이 10여 년이 지났는데도 끝나지 않았다. 아니 어려움이 더 커졌다. 30세에 가까워졌는데도 결혼은 생각조차 할 수 없었고 상황은 더 끔찍해져서 도무지 해결의 기미가 보이지 않았다. 내가 할 수 있는 것이 아무것도 없었다.

그런데 이런 끔찍함 가운데서도 배운 것이 있다. 내가 현재 최선을 다해 움직이지 않으면 변화가 없다는 것이다. 나는 내 상황을 바꿀 수 없다. 하지만 현재 내가 할 수 있는 최선을 다하기로 했다.

먼저 집을 깨끗이 청소했다. 그리고 예배와 말씀과 기도생활에 열심을 내기 시작했다. 교회에서 맡겨주신 일을 잘 감당했고 시간을 아껴서 교양서적을 보기도 했다. 아르바이트도 하루에 3개씩 했다. 밤에는 숙직 아르바이트도 했다. 물론 내게 맡겨진 일들을 최선을 다해 처리했다. 결혼도 미래도 주님께 맡기고 오늘 나에게 주어진 일을 감당했다. 그러자 어마어마한 부모의 빚을 갚을 능력은 되지 않았지만, 적어도 내게 맡겨진 일에서는 인정받기 시작했다.

내가 아내와 연애를 시작할 때는 신학교에 입학하기 전이었다. 아내는 대학교를 졸업하고 나서 큰 광고 회사에 다니고 있었다. 그 당시에 주위 사람들이 고등학교밖에 졸업하지 못하고 직장도 없는 나와의 교제에 우려를 표했다. 결혼한 후에도 사람들이 어째서 결혼할 생각이 들었느냐고 아내에게 물었다. 아내는 내가 교회에서 신앙생활 하는 모습을 보며 '이 사람과 살면 평생 주님을 떠나지 않겠구나' 생각했고, 또 봉사의 일을 너무나 빠릿빠릿하게 잘하는 것을 보며 '뭘 해도 먹고 살 수 있는 사람이다'라고 생각했다고 했다. 물론 모든 것이 하나님의 은혜였다는 믿음의 고백 또한 분명히 있었다.

그때 내가 미친 듯이 성경을 읽고 주일에 아침부터 밤까지 교회에서 봉사한 것 모두 하나님의 훈련이었다. 나중에 목회자로 훈련받은 삶이었다. 하나님께서 요셉을 보디발의 집 가정 총무로, 감옥에서 간수장을 돕는 사람으로 훈련시키셔서 애굽의 총리로 만든 것처럼 내게도 그렇게 하신 것이다.

이때 배운 것이 오늘날까지 내 삶에 습관이 되었다. 나는 지금도 어려움이 올 때마다 내가 할 수 있는 최선을 다한다. 그리고 시간이 지나면 그 어려움을 이겨낼 만한 실력이 생겼다. 오늘 내게 준 삶은 어쩌다 우연히 주어진 것이 아니다. 오늘의 훈련이 내일의 비전으로 연결되어 있다.

내일을 생각하며 준비하는 삶을 살아라

신앙의 삶은 항상 현재에서 시작한다. 그렇다고 현재만 생각하고 살아간다는 것은 아니다. 그리스도인은 지금의 삶에 충실하면서 미래를 준비하는 자들이다. 오늘의 삶에 충성한다는 것은 현실을 넘어서서 미래의 삶을 바라보기 때문에 오늘 더 성실하게 사는 것이다.

9 술 맡은 관원장이 바로에게 말하여 이르되 내가 오늘 내 죄를 기억하나이다 10 바로께서 종들에게 노하사 나와 떡 굽는 관원장을 친위대장의 집에 가두셨을 때에 11 나와 그가 하룻밤에 꿈을 꾼즉 각기 뜻이 있는 꿈이라 12 그 곳에 친위대장의 종 된 히브리 청년이 우리와 함께 있기로 우리가 그에게 말하매 그가 우리의 꿈을 풀되 그 꿈대로 각 사람에게 해석하더니 13 그 해석한 대로 되어 나는 복직되고 그는 매달렸나이다 창 41:9-13

이 말씀은 요셉이 바로 앞에 불려가 총리가 되는 과정이다. 술 맡은 관원장이 2년 여 전에 요셉이 감옥에서 자신의 꿈을 풀어준 일을 바로에게 말하였고, 요셉이 바로의 꿈을 풀어주고 흉년에 대비할 방법을 알려줌으로써 애굽의 총리가 된 것이다. 요셉이 감옥에서 만난 술 맡은 관원장이 나중에 자신을 바로에게 추천한 하나님의 후원자가 된 셈이다.

우리는 이 술 맡은 관원장을 기억하며 살아야 한다. 오늘 당신이 만나서 돕고 섬기는 사람이 하나님이 주시는 당신의 미래의 후원자일 수 있다. 그 사람이 지금은 내 눈에 별 볼 일 없어 보인다고 대충 섬겨서는 안 된다.

오늘밖에 모르는 미련한 자가 되지 말고 오늘을 미래로 잇는 지혜로운 자가 되어야 한다. 하나님은 우리의 삶의 전 시간을 사용하신다. 어제를 이어서 오늘을 만들고 오늘을 이어서 내일을 더 가치 있게 만드신다. 그래서 오늘의 성실한 삶의 자세와 더불어 미래를 생각하며 준비하고 살아야 한다. 미래를 준비하는 자는 오늘의 삶의 방법과 태도, 기준까지 달라지게 되어 있다.

6 밤중에 소리가 나되 보라 신랑이로다 맞으러 나오라 하매 7 이에 그 처녀들이 다 일어나 등을 준비할새 8 미련한 자들이 슬기 있는 자들에게 이르되 우리 등불이 꺼져가니 너희 기름을 좀 나눠 달라 하거늘 마 25:6-8

미련한 자의 특징은 준비하지 않는 것이다. 슬기로운 자의 모습은 준비하며 살아가는 것이다. 멀게는 주님 앞에 설 것을 준비하고, 가깝게는 내가 사는 동안에 주님이 하실 것을 준비하는 것이다.

하나님은 내게 아들 둘을 주셨다. 둘째 아이가 한국에서 중학교 2학년까지만 다니고 자퇴했다. 그리고 필리핀에 가서 선교사님을 도우며 영어를 공부했다. 부모의 보호를 떠나 필리핀으로 가는 아이에게 내가 해줄 말은 한 가지밖에 없었다.

"너는 이 땅에 보내진 하나님의 존귀한 자이다. 나중에 하나님이 너를 사용하고 싶을 때를 기억하고 행동해라. 하나님의 사람으로서 성적으로, 세상적으로 타락하지 마라. 하나님 앞에 거룩한 삶을 살아라."

거룩함은 종교적인 삶이 아니다. 거룩함은 미래의 삶을 더욱 가치 있게 하기 위해 오늘을 주님 앞에 지키는 삶이다. 미래를 바라보지 않는 자에게 거룩은 윤리 도덕에 불과하다. 그러나 우리는 하나님 앞에 설 미래를 알고 있다. 그렇기 때문에 오늘을 거룩하게 준비하는 것이다. 그리스도인은 하나님께서 자신에게 맡길 삶의 비전을 꿈꾸기 때문에 오늘을 준비하며 사는 것이다. 내일을 생각하지 않고 준비하지 않는 자는 절대로 거룩한 삶을 살 수 없다.

거룩한 욕심으로 주님의 소명을 이루라

¹⁹ 또 내가 내 영혼에게 이르되 영혼아 여러 해 쓸 물건을 많이

쌓아 두었으니 평안히 쉬고 먹고 마시고 즐거워하자 하리라 하되 20 하나님은 이르시되 어리석은 자여 오늘 밤에 네 영혼을 도로 찾으리니 그러면 네 준비한 것이 누구의 것이 되겠느냐 하셨으니 21 자기를 위하여 재물을 쌓아 두고 하나님께 대하여 부요하지 못한 자가 이와 같으니라 눅 12:19–21

예수님께서 탐심을 물리칠 것을 이와 같이 비유로 말씀하셨다. 그 누구도 욕심이 없을 수는 없다. 욕심이 없다면 그것은 아직 자신을 모르는 것이다.

욕심에는 두 가지가 있다. 현실만 아는 욕심과 거룩한 욕심이다. 현실만 아는 욕심을 가진 자는 이 부자처럼 자신만을 위해 물질을 쓰고 살아간다. 그러나 거룩한 욕심을 가진 자는 미래에 하나님이 주실 상을 바라며 베풀면서 살아간다.

세상의 부자들도 자신의 물질적 가치를 높이기 위해서 투자를 한다. 부동산에 투자하고 주식에도 투자한다. 미래에 더 오를 가치에 투자하는 것이다. 그러나 하나님 앞에 사용되기를 원하는 자들은 영적인 거룩에 투자한다. 그래서 오늘을 말씀과 기도의 삶으로 성실하고 거룩하게 살려고 애를 쓴다. 오늘의 거룩함이 내일 하나님께 영광을 돌리게 된다는 것을 알기 때문이다.

나의 목회가 바뀐 계기가 하나 있다. 코로나가 터지기 전에 나는 중국의 가정교회 지도자들을 10여 년간 가르쳤다. 20명도 안 되는 작은 수의 사역자들이었다. 그런데 한번은 선교사님이 이렇게 말해줬다. "몇십 명이라고 작게 보지 말고, 이들이 다른 지도자를 가르치고, 그들이 또 다른 자들을 가르치게 되면 이 가르침이 수백, 수천, 수만 명에게 흘러갈 것입니다."

비행기를 타고 한국으로 돌아오면서 생각했다. 내 눈에 보이는 교회 성도 수가 많다고 하늘에서도 큰 것이 아닐 수 있겠다는 마음이 들었다. 천국에서 더 큰 상이 무엇일까 생각했다. 그것이 내가 마커스 워십에서 예배하는 청년들에게 더욱 열심히 설교하는 계기가 되었다. 이다음에 천국에 가서 예수님이 어떤 열매가 있는지 물으실 때 나는 이렇게 말하고 싶다.

"주님, 저 청년을 보세요. 마커스 워십에서 예배드린 저 청년이 지금 하나님의 사람으로 살고 있잖아요. 그가 저의 열매입니다."

천국에서도 계속 이어지는 미래의 열매를 볼 것이다. 그렇기 때문에 교회를 외형적으로 더 성장시키기보다는 당장 열매가 없어 보이는 청년 사역에 더욱 힘쓸 수 있었다. 내일을 생각하고 준비하는 삶을 살아야 거룩을 지킬 수 있다. 그래야 오늘의 현실적 욕심을 이겨내고 주님이 원하는 소명을 이룰 수 있다. 주님이 내게 맡길 내일의 소명을 바라보며 오늘의 소명에 최선을 다하는 자들이 되기를 바란다.

에필로그

결국 소명은 주님을 사랑하는 것이다!

소명에 관한 글을 통해 나는 두 가지 질문에 답하고 싶었다. 첫째는 소명이 무엇이냐는 질문이고, 둘째는 소명이 있는 자와 없는 자의 차이가 무엇이냐는 질문이었다. 첫 번째 질문에 대한 답이 이 책을 통해 어느 정도 정리되었다고 생각한다.

그렇다면 두 번째 질문에 대한 답은 무엇일까? 소명이 있는 자와 없는 자의 결정적인 차이는 무엇에 관심이 있느냐가 아니라 어떤 삶을 살고 있느냐에 있다.

소명에 사로잡히면서 자신도 모르게 소명의 삶을 살게 된다. 요셉은 총리가 되기 전에 의미 없어 보이는 노예살이와 혹독한 감옥의 고초를 겪어야 했다. 그러나 그 시절이 소명의 삶이었던 것을 그 당시에는 알지 못했다. 다윗도 목동으로서 양을 칠 때에는 자신의 소명을 제대로 알지 못했다. 그런데 골리앗에게 승리하면서 자신의 목동 시절 역시 하나님 앞에서 소명의 삶이었다는 것을 알게 된 것이다.

그리스도인으로서 소명의 삶을 살아갈 때 우리는 이 점에 가장

197

주의해야 한다. 그것은 우리의 소명을 어떤 일을 이루는 '미션'으로 이해하면 안 된다는 것이다. 즉 소명의 삶을 사는 사람은 자신에게 주어진 소명이 무엇일까에 골몰할 것이 아니라 오직 하나님을 기쁘시게 하는 일에 관심을 두어야 한다. 소명이 바로 하나님을 기쁘시게 하는 신앙의 삶이기 때문이다.

자신을 드러내고 과시하는 지금의 시대에서는 자칫하면 하나님보다 내가 앞서가게 되고 자신의 비전을 위해 열심을 내면서도 하나님의 비전을 이루고 있다고 착각하는 경우가 발생한다. 번듯하고 위대한 일에 관심을 두는 신앙인보다 하나님을 사랑하고 하나님을 기쁘게 하는 일에 관심이 있는 신앙인이 하나님 보시기에 더욱 아름다운 법이다.

22 그 날에 많은 사람이 나더러 이르되 주여 주여 우리가 주의 이름으로 선지자 노릇 하며 주의 이름으로 귀신을 쫓아 내며 주의 이름으로 많은 권능을 행하지 아니하였나이까 하리니 23 그 때에 내가 그들에게 밝히 말하되 내가 너희를 도무지 알지 못하니 불법을 행하는 자들아 내게서 떠나가라 하리라 마 7:22-23

내가 두려워하는 말씀 중에 하나다. 불법을 행한 자는 하나님의 심판대 앞에 서서도 자신이 상을 받을 수 있다고 착각한다. 주의 이름으로 선지자 노릇하고 많은 권능을 행한 것이 그의 눈을 가린 것이다.

땅의 위대한 일이 하나님의 소명은 아니다. 물론 하나님이 쓰시기 위해서 위대한 일을 맡길 때도 있다. 그러나 소명 받은 자는 이 땅에서 얼마나 위대한 일을 했는가로 하나님 앞에 평가받지 않는다. 소명에 대한 잘못된 인식은 자신의 업적 쌓기로 우리 자신의 인생을 허비하게 만들 뿐이다. 그리고 크고 두려우신 하나님 앞에서조차 자신의 업적만을 자랑하게 한다. 그것은 결코 소명 받은 자의 모습이 아니다.

소명은 처음부터 끝까지 주님을 사랑하는 것이다. 주님을 사랑하기 때문에 내게 부탁하신 모든 곳에서, 크든 작든 주어진 일을 기꺼이 감당하는 것이다. 어떤 업적을 이루어 주님 앞에 서는 것이 아니라 주님을 사랑하는 마음으로 주어진 삶을 살아가는 것이다. 그래서 소명을 받은 자의 모습은 삶에 나타날 수밖에 없다.

지금 하나님을 사랑하고 주어진 삶을 믿음으로 살고 있다면 여러분은 소명의 삶을 살고 있는 것이다. 부디 세상의 눈으로 주님이 내게 맡긴 일의 크기를 재지 말기 바란다. 주님을 사랑하기에, 주님이 부탁했기에, 주님이 기뻐하기에, 그 주님 때문에 오늘의 삶을 믿음으로 살아내는 소명자가 되기를 바란다.

오늘이라는 기회를 주신 하나님 앞에 감사하며
김남국 목사

소명, 하나님의 시간을 잇는 싸움

초판 1쇄 발행	2023년 1월 2일
초판 5쇄 발행	2023년 3월 10일
지은이	김남국
펴낸이	여진구
책임편집	안수경 김도연
편집	이영주 박소영 최현수 김아진 정아혜
책임디자인	노지현 마영애	조은혜 이하은
홍보 · 외서	진효지
마케팅	김상순 강성민
제작	조영석

마케팅지원	최영배 정나영
경영지원	김혜경 김경희 이지수

303비전성경암송학교 유니게과정 박정숙
이슬비전도학교 / 303비전성경암송학교 / 303비전꿈나무장학회

펴낸곳	규장

주소 06770 서울시 서초구 매헌로 16길 20(양재2동) 규장선교센터
전화 02)578-0003   팩스 02)578-7332
이메일 kyujang0691@gmail.com   홈페이지 www.kyujang.com
페이스북 facebook.com/kyujangbook   인스타그램 instagram.com/kyujang_com
카카오스토리 story.kakao.com/kyujangbook
등록일 1978.8.14. 제1-22

책값 뒤표지에 있습니다.
ISBN 979-11-6504-400-8 03230

규 | 장 | 수 | 칙

1. 기도로 기획하고 기도로 제작한다.
2. 오직 그리스도의 성품을 사모하는 독자가 원하고 필요로 하는 책만을 출판한다.
3. 한 활자 한 문장에 온 정성을 쏟는다.
4. 성실과 정확을 생명으로 삼고 일한다.
5. 긍정적이며 적극적인 신앙과 신행일치에의 안내자의 사명을 다한다.
6. 충고와 조언을 항상 감사로 경청한다.
7. 지상목표는 문서선교에 있다.

하나님을 사랑하는 자 곧 그의 뜻대로 부르심을 입은 자들에게는 모든 것이 合力하여 善을 이루느니라(롬 8:28)

규장은 문서를 통해 복음전파와 신앙교육에 주력하는 국제적 출판사들의
협의체인 복음주의출판협회(E.C.P.A:Evangelical Christian Publishers
Association)의 출판정신에 동참하는 회원(Associate Member)입니다.